AF320921

INSTRUCTION

AUX TRÉSORIERS-PAYEURS GÉNÉRAUX

CONCERNANT

LES OPPOSITIONS, SAISIES-ARRÊTS

ET

SIGNIFICATIONS DE TRANSPORTS

INSTRUCTION

AUX TRÉSORIERS-PAYEURS GÉNÉRAUX

CONCERNANT

LES OPPOSITIONS, SAISIES-ARRÊTS

ET

SIGNIFICATIONS DE TRANSPORTS

FAITES ENTRE LEURS MAINS

SUR LES SOMMES DUES PAR L'ÉTAT OU PAR LES DÉPARTEMENTS

PARIS

IMPRIMERIE NATIONALE

—

MDCCCCV

INSTRUCTION

AUX TRÉSORIERS-PAYEURS GÉNÉRAUX

CONCERNANT

LES OPPOSITIONS, SAISIES-ARRÊTS

ET

DÉCLARATION DE TRANSPORTS

SUR LES SOMMES DÉPOSÉES PAR L'UN OU PAR CES DÉPARTEMENTS

PARIS

IMPRIMERIE NATIONALE

M DCCC

INSTRUCTION

AUX TRÉSORIERS-PAYEURS GÉNÉRAUX

CONCERNANT

LES OPPOSITIONS, SAISIES-ARRÊTS

ET

SIGNIFICATIONS DE TRANSPORTS

FAITES ENTRE LEURS MAINS

SUR LES SOMMES DUES PAR L'ÉTAT OU PAR LES DÉPARTEMENTS.

PREMIÈRE PARTIE.

DES OPPOSITIONS EN GÉNÉRAL [1].

CHAPITRE Ier

**Réception et conservation des oppositions.
Déclaration des sommes dues.**

1. — Aux termes des articles 557 et 558 du code de procédure civile, tout créancier peut, en vertu de titres authentiques ou privés, saisir-arrêter entre les mains d'un tiers les sommes et effets appar-

Règles de droit commun en matière de saisies-arrêts ou oppositions.

---

[1] Les règles spéciales tracées par la loi du 12 janvier 1895, en ce qui concerne les oppositions sur les traitements ne dépassant pas 2,000 francs et sur les salaires des ouvriers et des gens de service, sont exposées dans la troisième partie de cette instruction.

tenant à son débiteur ou s'opposer à leur remise. S'il n'y a pas de titre, le juge du domicile du débiteur et même celui du domicile du tiers saisi peuvent, sur requête, permettre la saisie-arrêt ou opposition.

2. — Ces dispositions sont applicables au Trésor public. Conformément aux règles du droit commun, le comptable entre les mains duquel il a été mis opposition au payement des sommes dues par l'État ne peut s'en dessaisir que du consentement des parties intéressées ou sur la production soit d'une mainlevée de l'opposition, soit d'une décision judiciaire ordonnant la remise des sommes saisies au créancier opposant. (*Décret du 18 août 1807, art. 9.*)

3. — En règle générale, les sommes dues aux créanciers de l'État peuvent être saisies-arrêtées en totalité. Toutefois, il a été dérogé à ce principe, notamment en ce qui concerne les travaux publics, par les lois des 26 pluviôse an II, 25 juillet 1891 et 29 décembre 1892 (art. 18), en ce qui concerne les traitements, par les lois des 21 ventôse an IX et 12 janvier 1895, en ce qui touche aux pensions, par les lois des 11 et 18 avril 1831 et du 9 juin 1853.

En outre, le décret du 18 août 1807, la loi du 9 juillet 1836 et celle du 12 juillet 1905 ont déterminé la valeur et les effets des oppositions mises au payement des sommes dues par l'État, précisé leur forme, réglé le mode de leur réception ainsi que de leur conservation, et limité leur durée.

4. — La présente instruction a pour objet de rappeler aux comptables les principales applications qu'ils peuvent avoir à faire du droit exceptionnel établi par ces diverses lois. Il importe aux payeurs de bien connaître les dispositions par suite desquelles ils se trouvent dans la nécessité d'apprécier la valeur de certaines oppositions qui leur sont signifiées. Ils ne doivent pas perdre de vue, d'ailleurs, qu'en dehors des cas régis par une loi spéciale ils ne peuvent se rendre juges du mérite des oppositions.

5. — Toutes saisies-arrêts ou oppositions sur des sommes dues par l'État, toutes significations de cession ou transport desdites

Le payeur ne peut, d'ailleurs, se faire juge de la validité du titre qui lui est signifié.

12. — Toute opposition et signification de transport doit rester déposée, jusqu'au lendemain, au bureau ou à la caisse où elle a été faite; les dimanches et jours fériés ne sont pas compris dans cette supputation. (*Loi du 12 juillet 1905.*) L'exploit original est visé par le conservateur des oppositions à Paris ou par le comptable dans les départements, et, en cas de refus, par le procureur de la République. (*Art. 561 du code de procédure civile et art. 5 du décret du 18 août 1807.*)

Dépôt des exploits dans les mains des payeurs et visa.

Le visa est donné en ces termes :

Vu et reçu copie.

Il est daté en toutes lettres du lendemain du jour de la signification.

Mention doit être faite sur la copie de l'exploit des termes du visa apposé sur l'original, lorsque ce visa contient des restrictions.

13. — Aux termes de l'article 4 du décret du 18 août 1807, l'opposition n'a d'effet que jusqu'à concurrence de la somme portée à l'exploit. Si donc cet acte contient des réserves non définies, soit pour les intérêts, soit pour les frais, le payeur doit inviter l'huissier à évaluer en sommes ces réserves et à rectifier sous ce rapport l'original et la copie. Si l'huissier s'y refuse, le payeur vise l'original ainsi qu'il suit :

Visa des exploits avec réserves.

Vu pour le capital seulement, les accessoires n'étant pas déterminés.

De même, si une opposition sur une créance spéciale frappait en outre, et en termes généraux, *toutes autres sommes dues par l'État au saisi à quelque titre que ce soit,* le payeur donnerait son visa, pour valoir seulement sur la créance désignée.

14. — Si une ou plusieurs conditions essentielles à la validité des exploits sont omises; si, par exemple, il n'est point donné copie ou extrait du titre ou de l'ordonnance du juge qui autorise l'opposition, si la somme saisie n'est pas suffisamment désignée ou si

Refus des exploits irréguliers.

l'opposition est étrangère au service du payeur, ce comptable mentionne et motive son refus en marge de l'original et de la copie : *Refusé, attendu, etc*

15. — Si, par suite de ce refus, l'exploit est remis au procureur de la République, et que ce magistrat transmette la copie au payeur, celui-ci doit en rendre compte immédiatement au Ministre (Service du contentieux), qui lui donne les instructions nécessaires.

Les payeurs doivent toujours motiver avec soin leur refus, car ils pourraient être, comme refusants, condamnés à une amende, sur les conclusions du ministère public. (*Art. 1039 du Code de procédure civile.*)

16. — Les payeurs tiennent pour les oppositions, deux registres conformes au modèle ci-annexé sous le n° 1.

Sur le premier ils portent, par ordre de date et de numéro, et par extrait, toutes les saisies-arrêts, oppositions, significations de cession ou transport, et tous autres actes ayant pour objet d'arrêter le payement des *sommes dues par l'État.* (*Arrêté du Ministre des finances du 24 octobre 1837.*)

Sur le second, ils inscrivent, également par ordre de date et de numéro, et par extrait, toutes les saisies-arrêts, oppositions, significations de cession ou transport, et tous autres actes ayant pour objet d'arrêter le payement des *sommes dues par le département.*

Chacun de ces registres doit être suivi ou accompagné d'une table alphabétique, pour faciliter les recherches. (Voyez pour les extraits d'oppositions le modèle n° 2 ci-après annexé.)

17. — Le conservateur des oppositions au Trésor public tient, en outre, un registre spécial pour les significations sur cautionnements en numéraire. (*Arrêté du Ministre des finances du 2 septembre 1823.*)

18. — Les oppositions sur les sommes dues par l'État ou par les départements ne sont pas obligatoirement soumises à la formalité de la contre-dénonciation. (*Arrêt de la Cour de cassation du 12 novembre 1877.*)

19. — Les payeurs ne sont pas assignés en déclaration affirmative. Si la demande en validité d'une opposition contenait une assignation de cette nature, le comptable devrait refuser cette signification et motiver ainsi son refus : *Refusé par le motif que les payeurs ne peuvent pas, aux termes de l'article 569 du Code de procédure civile, être assignés en déclaration affirmative.* (*Avis du Conseil d'État du 12 mai 1807.*)

Mais les payeurs sont tenus de délivrer, sur la demande du saisissant, un certificat des sommes dues qui tient lieu, en ce qui les concerne, de tous autres actes et formalités prescrits à l'égard des tiers saisis. (*Décret du 18 août 1807, article 6, et art. 569 du Code de procédure civile.*)

20. — Les payeurs ne connaissent légalement les sommes dues au saisi que quand ils ont l'ordonnance ou le mandat entre les mains ; ils ne peuvent donc déclarer que la somme portée dans l'ordonnance.

Si l'ordonnance ou le mandat ne leur est pas encore parvenu, ils doivent renvoyer les parties à se pourvoir devant qui de droit pour obtenir, s'il y a lieu, la délivrance du certificat des sommes dues.

21. — Dans les certificats qui leur sont demandés, les payeurs doivent faire mention des saisies-arrêts et autres significations, s'il en existe (*Décret du 18 août 1807, art. 7*) et, à cet effet, ils copient littéralement les extraits des saisies-arrêts et significations portés sur leurs registres.

22. — Le conservateur des oppositions et les payeurs doivent également, lorsqu'ils en sont requis par la partie saisie, par l'un des créanciers inscrits, leurs représentants ou ayants cause, délivrer extrait ou état desdites oppositions ou significations. (*Art. 7 et 8 du décret du 18 août 1807.*)

23. — La demande de ces états et certificats doit être faite par voie de pétition et non par acte extrajudiciaire. Tout tiers qui la formera au nom des ayants droit justifiera d'un pouvoir spécial. Sont toutefois dispensés de produire ce pouvoir, les avoués constitués

les notaires rapporteurs des actes signifiés et les huissiers instrumentaires.

Chaque demande doit être écrite sur papier timbré. Il est indispensable d'y joindre le papier timbré nécessaire pour l'expédition de la pièce réclamée. (*Loi du 13 brumaire an VII, art. 12.*)

Extraits dispensés du timbre.

24. — Sont dispensés du timbre les extraits ou états délivrés sur la demande et dans l'intérêt de l'Administration. Il est fait mention sur ces extraits ou états de leur destination. (*Art. 16, § 2, de la loi du 13 brumaire an VII.*)

Oppositions survenues postérieurement à la délivrance des états.

25. — S'il survient de nouvelles saisies-arrêts ou oppositions depuis la délivrance d'un état ou d'un certificat, le conservateur des oppositions et les payeurs sont tenus, sur la demande qui leur en est faite, d'en fournir un extrait à la suite de l'état précédemment fourni. (*Art. 8 du décret du 18 août 1807.*)

CHAPITRE II.

Radiation des oppositions.

Iʳᵉ SECTION.

RADIATION DES OPPOSITIONS PÉRIMÉES.

Radiation des oppositions et significations périmées faute de renouvellement.

26. — Au fur et à mesure que les oppositions et significations sur les sommes dues par l'État acquièrent cinq années de date sans avoir été renouvelées, le conservateur et les payeurs en opèrent d'office la radiation, et ils ne les comprennent pas dans les états qu'ils ont à délivrer. (*Art. 14 de la loi du 9 juillet 1836 et 4 de l'ordonnance du 16 septembre 1837.*)

Les payeurs doivent apporter le plus grand soin dans la confection de ces états.

En effet, le titulaire de la créance et les saisissants qui se sont mis en règle sont intéressés à ce que les oppositions et significations non renouvelées ne figurent pas sur les états. D'un autre côté, l'omission d'une opposition ou d'un transport dont la signification ne serait pas périmée compromettrait la responsabilité du payeur.

La règle de la péremption quinquennale s'applique aux oppositions sur cautionnements en numéraire. (*Arrêt de la Cour de cassation du 9 août 1892.*)

27. — Lorsque des oppositions ou significations auront été faites dans l'intérêt d'une administration publique, les comptables devront prévenir de l'imminence de la péremption le fonctionnaire à la requête duquel elles ont été pratiquées. Cet avis devra être donné dans le mois qui précédera l'expiration de la période quinquennale, afin que la signification puisse être, s'il y a lieu, renouvelée en temps utile.

Oppositions faites à la requête des administrations publiques.

28. — Le consentement que donnerait verbalement ou par écrit la partie saisie, à ce qu'une opposition périmée fût valable, ne suffirait pas pour la faire conserver, même quand il n'existerait pas d'autres oppositions : une opposition périmée ne peut être remplacée que par une opposition nouvelle et régulière.

Insuffisance du consentement donné par la partie saisie.

29. — La péremption n'est pas interrompue par la contre-dénonciation ; mais la signification du jugement de validité conserve l'effet de l'opposition, et sert de point de départ à un nouveau délai de cinq ans.

Interruption de la péremption.

30. — L'article 14 de la loi du 9 juillet 1836, portant que les saisies-arrêts, oppositions et significations relatives aux sommes dues par l'État n'auront d'effet que pendant cinq années à compter de leur date, si elles n'ont pas été renouvelées pendant ledit délai, n'est pas applicable aux oppositions et significations concernant les sommes dues par les départements. Les payeurs doivent donc conserver ces oppositions et significations jusqu'à ce que la mainlevée en ait été ordonnée ou consentie ; il est important qu'elles ne soient pas confondues avec les significations sur les sommes dues par l'État. C'est précisément pour éviter cette confusion que les payeurs, comme on l'a vu plus haut, tiennent un registre spécial pour les oppositions sur créances départementales. (*Solution concertée entre les Ministres des finances et de l'intérieur ; lettres des 28 mai et 19 juin 1834.*)

Péremption quinquennale non applicable aux significations sur créances départementales.

2ᵉ SECTION.

RADIATION APRÈS MAINLEVÉE.

31. — La mainlevée d'une opposition ou signification peut être amiable ou judiciaire.

32. — La mainlevée amiable est donnée par acte notarié, enregistré et, s'il y a lieu, légalisé.

Si l'acte est en minute, la production d'une expédition suffit; s'il est en brevet, il est nécessaire de rapporter, en outre, l'exploit original de la signification.

Toutefois, les payeurs peuvent accepter sous leur responsabilité et à leurs risques et périls, des mainlevées sous seings privés, enregistrées, légalisées et accompagnées de l'original de la signification. Ils usent surtout de cette faculté dans les affaires peu importantes, ou lorsqu'il n'existe aucun doute à leurs yeux, sur l'identité du signataire.

33. — Les mainlevées judiciaires sont ordonnées, soit par les tribunaux; soit par le président jugeant en état de référé. Le payeur n'a pas qualité pour apprécier la question de compétence.

CHAPITRE III.

Exécution des jugements.

34. — Le payeur ne doit exécuter un jugement contradictoire qu'on ne lui remette :

1° La grosse du jugement (ou une expédition en forme, si le jugement ne reçoit pas sa complète exécution par le fait de la radiation ou du payement);

2° Un certificat de l'avoué de la partie poursuivante, légalisé, s'il y a lieu, et contenant la date de la signification du jugement faite tant à avoué qu'à la partie, à personne ou à domicile;

3° L'attestation du greffier, également légalisée s'il y a lieu, constatant qu'il n'existe contre le jugement aucun appel. (*Art. 548 du Code de procédure civile.*)

La production de cette pièce est également nécessaire quand il s'agit de l'exécution des ordonnances de référé, ainsi que des jugements rendus par les tribunaux de commerce et les juges de paix. (*Arrêt de la Cour de cassation, chambres réunies, du 13 janvier 1859 et arrêt de la Cour de Paris du 11 juin 1861.*)

35. — Souvent la cause ne paraît pas de nature à subir un second degré de juridiction, ou bien il résulte du jugement que les parties ont consenti à être jugées sans appel. Mais comme la question de savoir si un jugement est ou non susceptible d'appel peut être sujette à contestation, les payeurs doivent, dans l'intérêt de leur responsabilité, exiger, en cas de doute, le certificat du greffier attestant qu'il n'y a pas d'appel. *Jugements contradictoires non susceptibles d'appel.*

36. — Les certificats de non-opposition ni appel doivent être réclamés, même pour les jugements déclarés exécutoires par provision et nonobstant appel, l'article 548 du Code de procédure civile étant, dans tous les cas, la seule règle à suivre, par les tiers. (*Arrêts de la Cour de cassation du 25 mai 1841 et du 9 juin 1858.*) *Jugements contradictoires, exécutoires par provision.*

37. — Quand le jugement est par défaut, le payeur doit examiner s'il a été rendu contre la partie seule ou contre une partie ayant constitué avoué. *Jugement par défaut.*

Lorsqu'il a été rendu contre la partie seule, faute de comparaître, trois choses sont à considérer :

D'abord, la signification doit en être faite, par l'huissier commis, à la partie en personne ou à son domicile. (*Art. 155 et 156 du Code de procédure civile.*)

Ensuite, l'opposition contre le jugement est recevable jusqu'à l'exécution.

Enfin, le jugement est périmé et considéré comme non avenu s'il n'a point été exécuté dans les six mois de son obtention. (*Art. 156 et 158 du Code de procédure civile.*)

Il faut donc, dans ce cas, que la partie poursuivante, qui a obtenu le jugement par défaut, produise au payeur :

1° L'original de la signification faite, par un huissier commis, à personne ou à son domicile réel, et, en cas de domicile inconnu, au parquet du procureur de la République ;

2° Un certificat de l'avoué, constatant la date de la signification de ce jugement;

3° Un acte d'exécution contre la partie condamnée, suivant le mode prescrit par l'article 159 du Code de procédure civile, ou au moins un procès-verbal de carence (ledit acte ou procès-verbal intervenu dans les six mois de la date du jugement);

4° Un certificat du greffier constatant qu'il n'existe contre ce jugement ni opposition ni appel.

Jugement par défaut contre avoué.

38. — Si le jugement par défaut a été obtenu contre une partie ayant constitué avoué, l'opposition contre ce jugement n'est recevable que pendant la huitaine de la signification faite à l'avoué. (*Art. 157 du Code de procédure civile.*)

Le payeur peut l'exécuter, sur la production des certificats de signification à avoué et à partie, ainsi que de non-opposition ni appel.

Jugement par défaut profit joint.

39. — Les jugements prononçant des défauts profit joint (*Art. 153 du Code de procédure civile*) sont considérés comme des jugements contradictoires et soumis à l'article 34 ci-dessus.

Date des certificats délivrés par les greffiers.

40. — Les certificats négatifs délivrés par le greffier doivent être postérieurs à l'expiration des délais d'opposition et d'appel. (*Arrêt de la Cour de cassation du 9 juin 1858 et arrêt de la cour de Bordeaux du 9 décembre 1858.*)

Le délai de l'appel pour les jugements par défaut ne court qu'à partir du jour où l'opposition n'est plus recevable. (*Art. 443 du Code de procédure civile.*)

Exécution des arrêts des cours d'appel.

41. — L'exécution des arrêts est soumise aux mêmes formalités que celle des jugements, et les payeurs doivent exiger les mêmes justifications, suivant que l'arrêt est contradictoire ou par défaut, sauf, bien entendu, la constatation de non-appel.

Le pourvoi en cassation n'est pas suspensif.

42. — Le pourvoi en cassation est suspensif en matière criminelle, correctionnelle et de police; il n'est pas suspensif en matière civile. Si le demandeur faisait notifier son pourvoi au payeur, avec défense d'exécuter la décision, le comptable devrait en référer au Ministre des finances (Service du contentieux).

CHAPITRE IV.

Des payements.

43. — Le payeur entre les mains duquel il existe une saisie-arrêt ou opposition sur une partie prenante ne peut vider ses mains sans le consentement des parties intéressées, ou sans y être autorisé par justice. (*Décret du 10 août 1807, art. 9.*)

Aucune somme frappée d'opposition ne peut être payée sans le consentement des parties intéressées ou sans autorisation de justice.

44. — Les oppositions et saisies-arrêts sur les sommes dues par l'État ou les départements n'ont d'effet que pour la somme portée en l'exploit ou pour ce qui est déclaré en rester dû. (*Décret du 18 août 1807, art. 4.*)

Il en résulte, pour le titulaire de la créance, la faculté de céder ou transporter les sommes qui excèdent le montant des oppositions.

Faculté pour le titulaire de la créance de transporter les sommes excédant le montant des oppositions.

45. — Quand le montant des oppositions est inférieur au chiffre de l'ordonnance mise en payement, le payeur retient la somme portée dans chaque exploit d'opposition, et paye le surplus au titulaire de la créance.

Si certains des opposants ont fait juger leurs droits et se sont mis en mesure de recevoir, le comptable doit leur payer la somme retenue pour eux, réserver le montant des oppositions non jugées et payer le reliquat de l'ordonnance au titulaire.

Cas où il n'existe que des oppositions dont le montant est inférieur au chiffre de l'ordonnance.

46. — Si, au contraire, les causes des oppositions excèdent le montant de l'ordonnance, le comptable ne doit rien payer; il renvoie les parties à faire régler leurs droits amiablement ou par justice.

Lorsque, plus tard, des jugements lui sont présentés, il ne doit exécuter que ceux qui ont été rendus avec tous les opposants.

Cas où il n'existe que des oppositions dont le montant excède le chiffre de l'ordonnance.

47. — S'il existe à la fois des transports et des oppositions dont les causes sont inférieures à la somme ordonnancée, le comptable doit retenir le montant de toutes les oppositions, payer les trans-

Cas où il existe des oppositions et des transports dont le montant est inférieur au chiffre de l'ordonnance.

ports et ne remettre au créancier de l'État que l'excédent des oppositions et transports.

48. — S'il existe des transports signifiés antérieurement à des oppositions et que le montant de l'ordonnance soit inférieur à l'ensemble des charges réunies, le comptable doit payer les transports d'après la date de leurs significations et retenir le surplus pour les créanciers opposants. (*Arrêts de la Cour de cassation des 25 mars 1885 et 17 février 1896.*)

Toutefois cette règle souffre exception dans les cas suivants :

1° *Opposition à l'exécution d'un transport.*

S'il est fait opposition à l'exécution d'un transport, le payeur retient la somme cédée jusqu'à ce qu'on lui rapporte une mainlevée amiable ou judiciaire de l'opposition.

2° *Transport à titre de garantie.*

Si le transport est à titre de garantie, il n'a que la valeur d'un nantissement et ne confère pas la saisine au cessionnaire; il n'autorise donc pas celui-ci à recevoir et à quittancer seul les mandats.

3° *Créances privilégiées.*

Enfin le payement ne peut pas non plus être effectué entre les mains d'un cessionnaire quand la somme cédée est le gage de créanciers privilégiés, par exemple, s'il s'agit d'un cautionnement grevé d'opposition pour sûreté d'une créance constituant un fait de charge, ou de mandats délivrés au profit d'un entrepreneur de travaux publics et frappés d'oppositions à la requête d'ouvriers, de fournisseurs de matériaux, de créanciers d'indemnités pour occupation temporaire de terrains, etc. (*Voyez nᵒˢ 82 et suivants.*)

En cas de doute sur le caractère privilégié de la créance, les payeurs ont la faculté de consulter le Service du contentieux.

49. — S'il a été notifié des oppositions antérieurement à des transports et que l'ordonnance mise en payement soit inférieure à toutes les charges, le comptable doit retenir le montant des oppositions antérieures aux transports et payer ensuite les transports à due concurrence, suivant l'ordre des significations, s'il n'existe aucun obstacle à leur exécution. (*Voyez le n° précédent.*)

50. — Les oppositions empêchent à concurrence de leur montant, en principal, intérêts et frais, le payement de la somme ordonnancée.

Au contraire, les jugements d'attribution et les actes de transport n'arrêtent pas le payement; ils servent à le faire effectuer ès mains des tiers subrogés, lorsque les actes signifiés sont reconnus comme opérant translation de propriété, que la remise de ces actes a été faite au payeur, et qu'il n'y a pas obstacle à leur exécution.

Aussi, quand ces tiers se présentent pour exercer les droits du titulaire direct de l'ordonnance, un désistement ne doit pas être exigé d'eux préalablement au payement. Ce serait, en effet, contraindre les parties à renoncer à la saisine, et les payeurs pourraient s'exposer à des dommages-intérêts pour le préjudice que causerait à celles-ci la survenance d'une saisie-arrêt ou d'une cession.

51. — Après que ces tiers ont été désintéressés, du moins jusqu'à concurrence de la dette à acquitter pour l'État ou pour le département, les significations deviennent sans objet ultérieur.

L'exécution est donc un mode d'extinction des significations comme la mainlevée et la péremption.

En conséquence, toutes les fois qu'en payant un tiers subrogé le comptable libère entièrement, soit le Trésor, soit le département, il doit avoir soin de requérir de la partie prenante, dans la quittance, un désistement définitif et sans réserves de sa signification et de tous ses droits à l'égard du Trésor ou du département. Il raye ensuite les significations, pour éviter les erreurs qui pourraient résulter de leur maintien sur les registres.

CHAPITRE V.

Versements à la Caisse des dépôts et consignations.

52. — A l'exception des appointements et traitements civils et militaires, dont il est parlé aux n°ˢ 134 et 135, et des cautionnements, dont il est question aux n°ˢ 79, 80 et 81, les sommes ordonnancées sur les caisses des payeurs et grevées d'oppositions ne peuvent être versées à la Caisse des dépôts et consignations que dans les cas suivants :

1° Lorsque le dépôt a été autorisé par une loi;

2° Lorsqu'il a été prescrit par un jugement ou par une ordonnance du président du tribunal; (il n'est pas nécessaire que le jugement soit rendu avec toutes les parties ou leur soit signifié; un créancier a le droit de demander la consignation dans l'intérêt de tous);

3° Lorsqu'il a été autorisé par acte passé entre l'Administration et ses créanciers, par exemple dans le cahier des charges d'une entreprise. (*Ordonnance du 16 septembre 1837 et arrêté du Ministre des finances du 24 octobre suivant.*)

C'est ainsi qu'en vertu de clauses spéciales insérées dans les cahiers de charges dressés par l'Administration de la Guerre, pour ses marchés de travaux ou de fournitures, les retenues effectuées au préjudice des entrepreneurs, par suite de saisies-arrêts, doivent être consignées d'office, à l'expiration de l'exercice. (*Circulaire de la direction générale de la comptabilité publique du 29 mai 1891, § V.*)

La perte d'un mandat, ou le refus par le titulaire de s'en dessaisir, n'est point un obstacle au versement du montant de ce mandat à la Caisse des dépôts et consignations. Les comptables auraient à en demander un duplicata à l'ordonnateur ou à remplir eux-mêmes une feuille manuscrite qui en tiendrait lieu. (*Circulaire de la direction générale de la comptabilité publique du 7 décembre 1866 § 12.*)

53. — Le versement à la Caisse des dépôts et consignations est, dans tous les cas, accompagné d'un extrait certifié de chacune des oppositions et significations frappant les sommes déposées.

Extrait des oppositions.

54. — Cet extrait doit contenir les noms, prénoms, qualités et demeures du saisissant et du saisi, l'indication du domicile élu par le saisissant, le nom et la demeure de l'huissier, la date de l'exploit, le titre en vertu duquel la saisie a été faite, la désignation de l'objet saisi et la somme pour laquelle la saisie a été formée. [Voyez le modèle n° 2.] (*Ordonnance du 16 septembre 1837, art. 2.*)

Énonciations à insérer dans l'extrait.

55. — Les payeurs n'ont à transmettre à la Caisse des consignations que les extraits des oppositions et significations, et non point les pièces elles-mêmes, parce que les oppositions et significations peuvent encore avoir pour but d'arrêter entre leurs mains le payement d'ordonnances ultérieures.

Conservation par le payeur des pièces signifiées.

56. — Les renouvellements des oppositions et significations transmises par extrait à la Caisse des dépôts et consignations doivent être reçus par les payeurs, lorsque lesdites oppositions et significations continuent à subsister entre leurs mains, en raison des payements à effectuer ultérieurement par eux pour le compte de l'État. (*Ordonnance du 16 septembre 1837, art. 3.*)

Réception par les payeurs, des renouvellements des oppositions transmises à la Caisse des consignations.

57. — Dans les états d'oppositions que les payeurs ont à joindre aux dépôts qu'ils font à la Caisse des consignations, ils ne comprennent pas les oppositions ayant plus de cinq ans de date et non renouvelées, puisque, aux termes des articles 14 de la loi du 9 juillet 1836 et 4 de l'ordonnance du 16 septembre 1837, elles doivent être rayées du registre.

Oppositions et significations périmées non comprises dans les états.

Ils ne comprennent pas davantage dans ces extraits les significations de cessions ou transports, lorsqu'elles sont périmées, la loi du 9 juillet 1836 n'ayant pas fait de distinction à l'égard de ces actes [1].

Ces dispositions ne s'étendent pas aux oppositions et significations sur les sommes dues par les départements.

58. — Les payeurs doivent se garder de toute négligence dans la délivrance des extraits, l'omission d'une opposition ou d'un transport, non périmé avant le dépôt, pouvant compromettre leur responsabilité.

Importance de l'observation des règles qui précèdent.

---

[1] Mais la loi du 8 juillet 1837, qui rend les articles 14 et 15 de la loi du 9 juillet 1836 applicables aux saisies-arrêts et oppositions faites à la Caisse des dépôts et consignations et à celle de ses préposés, ne comprend pas les *cessions et transports*, qui sont, dans l'intention de la loi, exceptés de la péremption quinquennale. En conséquence, ces actes, lorsque les extraits en seront transmis à la Caisse des dépôts et consignations au moment d'un dépôt, conserveront leur effet à cette caisse pendant trente ans, conformément au droit commun.

DEUXIÈME PARTIE.

PRIVILÈGES SPÉCIAUX ET EXCEPTIONS

AU PRINCIPE DE SAISISSABILITÉ.

CHAPITRE Ier.

Privilège du Trésor pour le recouvrement des contributions directes, des taxes assimilées aux contributions directes et des droits de timbre. — Privilège des communes pour le recouvrement des taxes municipales assimilées aux contributions directes.

Payement de l'impôt direct, des taxes dues à l'Etat et des taxes communales assimilées, nonobstant les oppositions.

59. — La loi du 12 novembre 1808 a créé pour le recouvrement des contributions directes un privilège qui s'exerce *avant tout autre*, 1° pour la contribution foncière de l'année échue et de l'année courante, sur les récoltes, fruits, loyers et revenus des biens immeubles sujets à la contribution; 2° pour l'année échue et l'année courante des contributions mobilière, des portes et fenêtres, des patentes et de toute autre contribution directe et personnelle, sur tous les meubles et autres effets mobiliers appartenant aux redevables, en quelque lieu qu'ils se trouvent.

Aux termes de l'article 2 de cette loi tous dépositaires et débiteurs de deniers appartenant aux redevables et affectés au privilège du Trésor, sont tenus de payer, sur la demande qui leur en est faite, en l'acquit des redevables, sur le montant et jusqu'à concurrence des fonds qu'ils doivent ou qui sont entre leurs mains, les contributions dues par ces derniers.

Les dispositions de la loi du 12 novembre 1808 ont été étendues par l'article 58 de la loi de finances du 30 mars 1902, aux taxes communales assimilées aux contributions directes, le nouveau privilège ainsi créé au profit des communes ne prenant rang cependant qu'après celui du Trésor.

En conséquence, les comptables doivent satisfaire aux demandes qui leur sont adressées d'avoir à effectuer le payement par privilège des contributions directes, des taxes assimilées aux contributions directes et des taxes communales assimilées, nonobstant toutes oppositions pratiquées à l'encontre des contribuables, à moins que ceux-ci ne soient déjà dessaisis par l'effet d'un transport ou d'un jugement attributif au profit d'un tiers.

Dans le cas d'une double réclamation comprenant à la fois des contributions ou des taxes dues à l'État, et des taxes communales assimilées, les comptables doivent, si les fonds se trouvant entre leurs mains sont insuffisants, solder d'abord les contributions et les taxes dues à l'État.

Les règles qui précèdent semblent s'appliquer au recouvrement des droits et amendes de timbre, qui jouissent du même privilège que les contributions directes. (*Loi du 28 avril 1816, art. 76.*)

CHAPITRE II.

Sous-traitants des fournisseurs de la guerre.

60. — Les sous-traitants des fournisseurs de la guerre qui ne sont pas payés de leurs fournitures par l'entrepreneur principal doivent déposer les pièces justificatives de leur créance au Ministère de la guerre. Il leur est délivré un bordereau détaillé qui leur tient lieu des pièces elles-mêmes, et au moyen duquel ils peuvent actionner l'entrepreneur principal du service devant les tribunaux et former opposition sur lui. Ce titre leur donne un privilège spécial tant sur les fonds que le Gouvernement pourrait redevoir à l'entrepreneur sur ses fournitures que sur le cautionnement que le ministre aurait exigé dudit entrepreneur, sauf les droits du Gouvernement, et nonobstant toute cession ou transport qui aurait été fait par l'entrepreneur. (*Art. 1ᵉʳ et 2 du décret du 12 décembre 1806, additionnel au décret du 13 juin précédent.*)

61. — Les bordereaux arrêtés par les ordonnateurs doivent être signifiés en tête des exploits d'oppositions des sous-traitants.

62. — Le privilège des sous-traitants pour le montant de leurs créances contre les entrepreneurs n'est pas restreint uniquement aux sommes dues à ces derniers par l'État, à raison des fournitures effectuées par les sous-traitants ; il s'étend à toutes les sommes dues à l'entrepreneur principal, tant pour l'exécution de son marché qu'à titre de cautionnement. (*Arrêts de la Cour de cassation du 10 mars 1818, du 20 février 1828 et du 4 mars 1889.*)

CHAPITRE III.

Cautionnements en numéraire.

63. — L'ancienne caisse d'amortissement avait été primitivement chargée du service des cautionnements en numéraire, mais l'ordonnance du 8 mai 1816 a transféré ce service au Trésor public. Toutes les dispositions des lois et règlements sur la matière, concernant les attributions de cette ancienne caisse, sont donc aujourd'hui applicables au Trésor public.

64. — Les cautionnements sont affectés, savoir :

1° Par premier privilège, à la garantie de la gestion ou des faits de charge ;

2° Par second privilège, au remboursement des sommes prêtées par les bailleurs de fonds [1] ;

3° Et subsidiairement au payement, dans l'ordre ordinaire, des créanciers particuliers. (*Loi du 25 nivôse an XIII, art. 1er, et loi du 6 ventôse an XIII, art. 1er.*)

65. — Les oppositions des réclamants doivent être formées, soit au Trésor public (bureau des oppositions), soit aux greffes des tribunaux civils, pour les comptables et les officiers ministériels, et aux greffes des tribunaux de commerce, pour les agents de change et les courtiers. (*Lois des 25 nivôse an XIII, art. 2, 6 ventôse an XIII, art. 1er, 9 juillet 1836, art. 13.*)

---

[1] Les trésoriers-payeurs généraux et les receveurs des finances doivent être propriétaires de la moitié de leur cautionnement. Cette moitié ne peut donc pas être grevée d'un privilège de second ordre. (*Décrets du 16 septembre 1867 et du 20 juin 1893.*)

66. — Toutefois les oppositions ne peuvent être faites qu'au Trésor public, à Paris, en ce qui concerne : 1° les cautionnements des préposés des contributions indirectes et des tabacs et manufactures (*Ordonnances du 25 septembre 1816 et du 23 novembre 1825*); 2° ceux des comptables de la guerre (*Décret du 4 septembre 1874*); 3° ceux des vice-consuls et chanceliers diplomatiques ou consulaires (*Décrets des 13 décembre 1877 et 20 décembre 1890*); 4° ceux des préposés des chemins de fer de l'État (*Décret du 1er avril 1879*).

Oppositions ne pouvant avoir lieu qu'au Trésor.

67. — Les oppositions faites aux greffes des tribunaux n'arrêtent que le remboursement du capital; pour arrêter aussi le payement des intérêts, il est nécessaire qu'elles soient signifiées au bureau des oppositions, à Paris. (*Avis du Conseil d'État approuvé le 12 août 1807.*)

Effet des oppositions faites aux greffes.

68. — Il résulte de l'ensemble de ces dispositions que le service des cautionnements est centralisé au Ministère des finances.

Les payeurs des départements doivent donc s'abstenir de recevoir des oppositions ou des significations relatives à des cautionnements existant au Trésor public; ils doivent renvoyer tous ceux qui se présentent pour signifier des actes semblables (qu'ils soient créanciers, cessionnaires ou bailleurs de fonds) à se pourvoir au Trésor public, bureau des oppositions, et refuser l'exploit en ces termes :

Conséquence des dispositions qui précèdent.

« *Refusé, attendu qu'aux termes des lois des 25 nivôse et 6 ventôse*
« *an XIII les significations doivent être faites directement au Trésor*
« *public, substitué par l'ordonnance du 8 mai 1816 à la caisse d'amortis*
« *sement.* »

69. — Néanmoins, lorsque les ordonnances sont entre leurs mains, les payeurs doivent, dans l'intérêt de leur responsabilité, recevoir les oppositions et significations, bien qu'aux termes de l'avis du Conseil d'État du 12 août 1807 le Trésor soit libéré par l'émission de ses mandats. (*Art. 557 du Code de procédure.*)

Oppositions, après la délivrance de l'ordonnance.

Mais il faut, dans ce cas, que l'opposition soit bien précisée et qu'elle porte formellement sur l'ordonnance à acquitter.

Visa des ordonnances par le conservateur des oppositions.

70. — Tous les états établis par le Directeur de la Dette inscrite et approuvés par le Ministre pour le payement des intérêts et le remboursement des capitaux de cautionnement, sont communiqués pour visa au conservateur des oppositions. Le conservateur indique sommairement, en regard de chaque article, les significations formées entre ses mains, afin que le payeur puisse en tenir compte.

Acte visé par le conservateur des oppositions et omis sur l'ordonnance.

71. — Si un payement est réclamé en vertu d'un acte visé par le conservateur des oppositions au Trésor public, mais dont l'indication ne figurerait pas sur l'ordonnance de payement, le payeur avant de passer outre doit faire connaître cette circonstance au Ministère des finances (Service du contentieux).

Cas où il existe des oppositions dont le montant excède le chiffre de l'ordonnance.

72. — S'il existe plusieurs oppositions dont le total dépasse le montant de la somme ordonnancée, le conservateur déclare par le seul mot « Empêchement » qu'il n'y a lieu à aucun payement. Lorsque les parties se présentent, le payeur les invite à requérir du conservateur l'état des créances inscrites au Trésor.

Effet des oppositions à l'égard des bailleurs de fonds et des cessionnaires.

73. — Bien que les lois des 25 nivôse et 6 ventôse an XIII accordent un privilège de deuxième ordre aux bailleurs de fonds d'un cautionnement, néanmoins toute opposition sur le titulaire, qu'elle qu'en soit la cause, empêche, jusqu'à due concurrence, le payement entre leurs mains du capital et des intérêts. (*Avis du comité des finances du 28 septembre 1824.*)

La jurisprudence mentionnée au n° 48 n'est pas applicable aux bailleurs de fonds.

Quant aux cessionnaires, ils ne peuvent bénéficier de cette jurisprudence que si les oppositions ne reposent pas sur des faits de charge. Pour être renseignés sur les causes des oppositions, les payeurs consultent le Service du contentieux. (Voyez n° 48.)

Mainlevées d'oppositions.

74. — De ce que le conservateur des oppositions reçoit jusqu'à l'ordonnancement les oppositions sur cautionnements, il s'ensuit qu'il est aussi chargé d'apprécier les mainlevées des oppositions, soit amiables, soit prononcées par justice, et les désistements des significations faites entre ses mains.

Si donc des mainlevées d'oppositions ou des désistements de significations faites au Trésor sont présentées aux payeurs, les comptables doivent renvoyer les parties à les produire au conservateur des oppositions.

Toutefois, si le cautionnement a été consigné, c'est au préposé de la Caisse des consignations que la mainlevée doit être produite.

75. — Quant aux oppositions et significations faites aux greffes des tribunaux civils et des tribunaux de commerce, en exécution des lois des 25 nivôse et 6 ventôse an XIII, les greffiers de ces tribunaux peuvent seuls en opérer et en constater la radiation. Si donc on présentait aux payeurs des mainlevées d'oppositions ou des désistements de significations reçues aux greffes, ils devraient renvoyer les parties à les produire aux greffiers, pour obtenir d'eux les certificats de radiation visés par le président du tribunal.

Les payeurs ne doivent, dans ce cas, acquitter les ordonnances que sur remise desdits certificats.

Radiation des oppositions par les greffiers.

76. — On peut se demander si la péremption de cinq ans établie par l'article 14 de la loi du 9 juillet 1836 et qui s'applique aux oppositions et significations sur les cautionnements en numéraire (voyez n° 26), s'applique également aux oppositions et significations faites aux greffes des tribunaux sur ces cautionnements.

Mais la solution de cette question ne concerne nullement les payeurs, attendu qu'aux termes de l'article 5 de la loi du 25 nivôse an XIII ils ne doivent procéder à un remboursement de capital que sur la production du certificat du greffier, visé par le président du tribunal, et attestant, entre autres choses, qu'il n'existe au greffe aucune opposition, ou que celles survenues ont été levées.

Péremption des oppositions aux greffes.

77. — Toutes les fois qu'un cautionnement en numéraire aura été employé, en tout ou en partie, à faire un payement en exécution d'un jugement, d'une déclaration de privilège de second ordre, d'un transport, ou de tout autre acte, *signifié au conservateur des oppositions*, le payeur adressera le jour même au Ministère des finances (Service du contentieux), un certificat attestant l'exécution dudit acte et relatant que les ayants droit ont donné, dans la quittance, désis-

Exécution des actes signifiés au conservateur des oppositions à Paris.

tement définitif et sans réserve de leur signification et de tous leurs droits à l'égard du Trésor.

Si l'exécution n'est que partielle, il y a lieu de l'indiquer dans le certificat, en mentionnant que le désistement a été donné à concurrence de la somme reçue.

Le certificat d'exécution doit toujours faire connaître la somme payée à chaque créancier.

La formule à employer pour les certificats se trouve aux annexes de la présente instruction. (Voyez modèle n° 3.)

78. — Les payeurs, lorsqu'ils exécutent, même partiellement, un privilège de second ordre doivent retirer le titre délivré au bailleur de fonds. En cas de remboursement partiel, un nouveau titre réduit est délivré à l'ayant droit, dès que le certificat d'exécution est parvenu au Service du contentieux. Toutefois, cette délivrance n'a pas lieu après le remboursement des deux premiers tiers d'un cautionnement, le dernier tiers étant payé sur référence aux pièces précédemment produites.

Lorsqu'un nouveau certificat de privilège doit être délivré, il importe, afin d'éviter les erreurs de transmission, de mentionner sur le certificat d'exécution, l'adresse exacte du bailleur de fonds.

79. — Conformément à l'article 16 de la loi du 9 juillet 1836, le montant des cautionnements dont le remboursement n'aura pas été effectué par le Trésor public, faute de productions ou de justifications suffisantes dans le délai d'un an, à compter de la cessation des fonctions des titulaires, pourra être versé en capital et intérêts à la Caisse des dépôts et consignations, en y joignant, s'il y a lieu, un état délivré par le conservateur des oppositions.

Ce versement qui libérera définitivement le Trésor devra être autorisé par une décision judiciaire ou administrative.

80. — Toutefois cette autorisation n'est pas nécessaire dans le cas où la consignation a lieu aux époques réglementaires des 30 avril et 31 décembre. (*Circulaire de la direction de la dette inscrite du 6 octobre*

1838; circulaires de la direction générale de la comptabilité publique du 22 octobre 1838, du 30 août 1839, du 7 décembre 1866, § 12, et du 14 ao û 1867, § 1er, 4°.)

81. — Lorsqu'un cautionnement doit être versé à la Caisse des dépôts et consignations, à la charge de notifications visées au Trésor, les payeurs sont tenus de demander préalablement au bureau des oppositions le relevé détaillé de ces notifications, pour appuyer la consignation et de transmettre ensuite, au Service du contentieux, un certificat de consignation, conforme au modèle n° 4 ci-après annexé.

Demande d'états au Trésor, et envoi des certificats de consignation.

CHAPITRE IV.

Adjudicataires et entrepreneurs de travaux publics et géomètres du cadastre.

82. — Les oppositions sur les sommes dues aux adjudicataires et entrepreneurs de travaux publics ont été placées sous un régime exceptionnel par les lois du 26 pluviôse an II, 25 juillet 1891 et 29 décembre 1892, art. 18.

Régime exceptionnel établi pour les sommes dues aux adjudicataires et entrepreneurs de travaux publics.

83. — La loi du 26 pluviôse an II, qui a été étendue par la loi du 25 juillet 1891 à tous les travaux ayant le caractère de travaux publics, ce qui comprend les travaux départementaux et communaux, veut, dans l'intérêt de l'exécution de ces travaux, que les sommes qui y sont affectées reçoivent immédiatement cette destination sans obstacle et sans retard.

Mandats d'acomptes et mandats de solde.

Elle fait deux parts des sommes payées aux entrepreneurs :

La première comprend les acomptes payés successivement pendant le cours des travaux;

La seconde se compose des sommes dues à la fin des travaux, et qui ne sont payées qu'après la réception des ouvrages et le délai de garantie stipulé dans les marchés.

84. — Les acomptes sont exclusivement applicables aux dépenses nécessitées par l'exécution des travaux ; les ouvriers, les fournisseurs de matériaux, et aux termes de la loi du 29 décembre 1892, art. 18, les propriétaires de terrains occupésou fouillés, peuvent seuls former, sur ces acomptes, des saisies-arrêts ou oppositions.

Les créances des ouvriers, à raison de salaires, jouissent d'un droit de préférence sur celles des fournisseurs. (*Loi du 25 juillet 1891.*)

85. — Les sommes qui forment la retenue de garantie et qui restent dues après la réception des travaux sont, au contraire, considérées comme le bénéfice de l'entrepreneur et sont saisissables, non seulement par les ouvriers, fournisseurs et propriétaires de terrains, mais encore par les créanciers particuliers.

86. — En vertu d'une décision prise d'un commun accord entre les Ministres des finances et des travaux publics, la retenue de garantie stipulée dans le cahier des charges ne peut être réduite par l'ordonnateur que sur la production d'un certificat délivré par le payeur, constatant que le montant de ladite retenue n'est grevé d'aucune opposition ou signification de transport.

87. — Les lois précitées ont donc apporté une exception au principe général d'après lequel les payeurs ne sont pas juges des oppositions mises entre leurs mains.

En conséquence, lorsqu'une opposition est signifiée sur un entrepreneur de travaux publics, le payeur examine si le titre en vertu duquel elle est formée emporte privilège, c'est-à-dire si elle est faite pour salaires d'ouvriers, pour prix de matériaux ou pour indemnité due à raison de terrains occupés ou fouillés. Dans ce cas, il reçoit et vise purement et simplement ladite opposition.

Si, au contraire, l'opposition est faite pour toutes autres causes que celles qui viennent d'être indiquées, c'est-à-dire pour créances ordinaires et particulières, le payeur ne doit la recevoir et la viser que dans les termes suivants :

« Vu pour valoir seulement sur la somme qui pourra rester due après la
« réception des travaux. »

88. — Le montant des oppositions privilégiées est retenu sur les mandats d'acomptes à payer aux entrepreneurs pendant l'exécution des travaux. La somme excédant les causes desdites oppositions est remise au titulaire du mandat, sans avoir égard aux oppositions formées par les créanciers particuliers.

Mandats d'acomptes supérieurs aux oppositions.

89. — Lorsque le montant des oppositions privilégiées excède la somme mandatée, le comptable refuse tout payement jusqu'à ce qu'on lui rapporte mainlevée ou jugement attributif des sommes saisies.

Mandats d'acomptes inférieurs aux oppositions.

90. — Si un ouvrier, un fournisseur ou un propriétaire de terrains obtient un jugement d'attribution et que la somme soit suffisante pour satisfaire à ce jugement et aux causes des autres oppositions de même nature non jugées, le payeur exécute le jugement et retient le montant des oppositions.

Quand la somme est insuffisante, le payeur ne doit exécuter le jugement qu'autant qu'il a été rendu avec tous les opposants privilégiés, ou eux dûment appelés, toujours sans avoir égard aux oppositions des créanciers particuliers.

Exécution des jugements d'attribution.

91. — Lorsque les travaux ont été reçus et que l'ordonnance ou le mandat est libellé pour solde, la somme à payer appartient à l'entrepreneur; il doit donc être tenu compte des oppositions des créanciers particuliers, aussi bien que de celles des créanciers privilégiés.

Si la somme à payer excède les causes de toutes ces oppositions réunies, le payeur en retient le montant et verse le surplus à l'entrepreneur. Il peut également exécuter le jugement obtenu par un opposant, à condition qu'il y ait somme suffisante pour y satisfaire, ainsi qu'aux autres oppositions, quelles qu'elles soient.

Mais quand le montant de toutes les oppositions excède la somme mandatée, les jugements intervenus même au profit des ouvriers, fournisseurs et propriétaires de terrains, c'est-à-dire des créanciers privilégiés, ne sauraient être exécutés qu'autant que ces jugements ont été rendus avec tous les opposants; une distribution devant alors avoir lieu, les privilèges, s'il en est invoqué, doivent être discutés par tous les intéressés.

Payement des mandats de solde.

92. — Le privilège attribué par les lois des 26 pluviôse an II, 25 juillet 1891 et 29 décembre 1892 (art. 18), aux ouvriers, fournisseurs de matériaux et propriétaires de terrains occupés ou fouillés est, dans l'esprit de ces lois, spécial à l'entreprise à laquelle ils ont concouru. Lorsqu'un même entrepreneur est chargé d'entreprises distinctes, par exemple de deux routes différentes, ou d'une route et d'un pont, les créanciers privilégiés sur l'une de ces entreprises ne peuvent être considérés que comme des créanciers ordinaires à l'égard des autres entreprises.

93. — Les travaux d'une grande étendue sont ordinairement divisés en plusieurs lots, qui font l'objet d'adjudications distinctes. Bien qu'adjugés à la même personne, ces lots forment toujours autant d'entreprises différentes qu'il y a eu d'adjudications, et les créanciers privilégiés de l'une de ces entreprises ne peuvent être considérés comme privilégiés sur les sommes ordonnancées pour les autres. (*Lettre du Ministre des travaux publics du 16 mars 1845.*)

94. — Si deux entrepreneurs se sont rendus solidairement adjudicataires, et que l'un d'eux tombe en faillite, les créanciers privilégiés, qui sont créanciers de l'entreprise plutôt que de l'entrepreneur, ne sont pas moins admis à former des oppositions sur les mandats d'acomptes; le payeur doit y avoir égard, et ne recevoir les oppositions des créanciers ordinaires que pour valoir sur le solde ou dernier dixième, payable après la réception des ouvrages.

95. — Si, par suite de la déconfiture ou de la faillite de l'entrepreneur, les travaux sont confiés à un gérant institué par les syndics ou par la caution, les sommes ordonnancées au nom de ce gérant, pour le compte de l'entrepreneur, sont passibles d'oppositions, comme si l'entrepreneur continuait les travaux, puisque ce gérant n'est, dans ce cas, que le continuateur de la personne de l'entrepreneur.

96. — Mais, si après la déconfiture ou la faillite, ou pour quelque cause que ce soit, un régisseur est institué par l'Administration pour continuer les travaux aux risques et périls de l'entrepreneur défaillant, les sommes ordonnancées au nom de ce gérant ne peuvent pas être arrêtées par les oppositions des ouvriers et fournisseurs que l'entrepreneur a employés ou des propriétaires de terrains occupés ou fouillés. Les travaux étant exécutés directement par les agents de l'Administration, les créanciers de l'entrepreneur, privilégiés ou non, n'ont aucun droit sur des sommes qui ne lui ont jamais appartenu. (*Décision du Ministre des finances du 2 novembre 1841.*)

97. — L'Administration, lorsqu'elle n'a contracté qu'avec un seul adjudicataire, n'a pas à se préoccuper des associations que celui-ci aurait formées avec des tiers. Ces tiers n'auraient donc pas qualité pour toucher les mandats délivrés au nom de l'entrepreneur; mais il est bien entendu que si un associé se prétendait créancier privilégié, pour une cause spéciale et déterminée, le payeur devrait recevoir son opposition pratiquée en vertu de la loi de pluviôse an II ou de celle du 29 décembre 1892, art. 18.

Associations formées par l'entrepreneur avec des tiers.

98. — Les délégations que consentiraient des entrepreneurs à des tiers, sur leurs mandats d'acomptes ou sur leurs mandats de solde, ne conféreraient à ces tiers aucun droit de préférence, par rapport aux ouvriers, aux fournisseurs de matériaux ou aux propriétaires de terrains, alors même que les délégations auraient pour objet le remboursement de fonds spécialement avancés pour payer ces créanciers.

Délégations consenties à des tiers.

Cette solution est fondée sur ce que l'article 3 de la loi du 26 pluviôse an II n'a pas compris dans les causes d'oppositions privilégiées l'argent prêté aux entrepreneurs, même pour la confection des ouvrages. (*Décision du Ministre du 6 mai 1836 sur avis du comité des finances.*)

Les transports ne devraient donc être reçus et visés par les payeurs, que *sous réserve expresse des droits des créanciers privilégiés aux termes des lois des 26 pluviôse an II et 29 décembre 1892 (art. 18)* [1].

---

[1] Il a été jugé que le créancier qui a fait une avance de fonds pour la confection des travaux ne peut se prévaloir du privilège de la loi du 26 pluviôse an II, s'il n'est porteur de l'état des journées ou des comptes des fournisseurs payés directement par lui ou ses agents, de ses propres deniers (*Arrêt du Conseil d'État du 22 mars 1813*), ou s'il ne produit une quittance subrogative. (*Arrêt de la Cour de Colmar du 21 décembre 1844.*)

Assimilation des géomètres du cadastre aux entrepreneurs de travaux publics.

99. — Les géomètres du cadastre sont assimilés aux entrepreneurs de travaux publics. (*Décision du Ministre des finances du 13 janvier 1838.*) Les lois spéciales sur la matière leur sont donc applicables.

CHAPITRE V.

Traitements civils et militaires[1].

La saisissabilité des traitements est déterminée par la loi et les ordonnances ou décrets.

100. — L'article 580 du code de procédure civile porte : « Les « traitements et pensions dus par l'État ne pourront être saisis que « pour la portion déterminée par les lois ou par les ordonnances « royales. »

Cette disposition, toute dans l'intérêt des services publics, soumet la saisissabilité des traitements civils et militaires à un droit exceptionnel, au maintien duquel les payeurs sont appelés à concourir, en renfermant expressément l'effet des oppositions dans les limites posées par les lois et règlements sur la matière.

1re SECTION

TRAITEMENTS CIVILS.

Proportions dans lesquelles les traitements sont saisissables.

101. — Les traitements des fonctionnaires publics et employés civils dépassant 2,000 francs par an, ne sont saisissables, conformément à la loi du 22 ventôse an IX, que dans les proportions suivantes : un cinquième sur les premiers mille francs, un quart sur les cinq mille francs suivants, un tiers sur la portion excédant six mille francs, à quelque somme qu'elle s'élève et ce jusqu'à l'entier acquittement des créances.

Mode de computation de la retenue.

102. — Le montant de la retenue doit être calculé sur le chiffre brut du traitement ordonnancé, sans déduction du prélèvement pour retraite ou pour congé.

---

[1] Les traitements n'excédant pas 2,000 francs par an, et les salaires des ouvriers et des gens de service quel qu'en soit le montant, sont soumis, au point de vue de la saisissabilité, à des règles spéciales tracées par la loi du 12 janvier 1895. (Voir la troisième partie de la présente instruction.)

Les payeurs trouveront aux annexes, sous le n° 6, un tableau indiquant les portions saisissables jusqu'à 10,000 francs.

103. — La portion du traitement restée libre après la retenue fixée par la loi du 21 ventôse an ix peut elle-même être saisie pour pension alimentaire, dans les cas prévus par les articles 203, 205, 206, 207, 214 et 349 du Code civil, mais seulement dans la proportion que le juge détermine, conformément à l'article 582 du code de procédure civile. (*Arrêt de la Cour d'appel de Paris du 28 août 1842.*)

La portion insaisissable peut être saisie pour cause d'aliments.

104. — Les indemnités, gratifications et autres allocations accordées aux fonctionnaires ou employés sont considérées comme des accessoires des appointements fixes et sont atteintes par les oppositions formées sur ces appointements. L'indemnité est alors cumulée avec le traitement, et c'est sur la somme produite par ce cumul qu'il y a lieu d'opérer la retenue prescrite par la loi.

Assimilation aux traitements des indemnités, gratifications. etc.

105. — Les traitements n'étant saisissables que pour la portion déterminée par la loi du 21 ventôse an ix, il s'ensuit que la portion insaisissable doit toujours rester libre pour le titulaire. Par suite, toute signification d'un acte portant transport ou délégation de tout ou partie d'un traitement doit être reçue et visée en ces termes :

Délégations de traitements.

Vu et reçu pour valoir sur la portion saisissable seulement.

(*Décision du Ministre du Trésor du 12 mars 1808.*)

Lorsque la délégation est faite par le titulaire pour la subsistance et l'entretien de sa famille, conformément aux articles 203, 205, 206, 207, 214 et 349 du Code civil, la signification doit être reçue et visée purement et simplement, et toute la portion déléguée doit être retenue et payée au délégataire. Toutefois, la portion saisissable sur la totalité du traitement doit toujours être retenue et réservée pour les opposants, s'il en existe, et versée à la Caisse des dépôts, ainsi qu'il est dit aux n°s 52 et suivants.

Insaisissabilité des traitements des agents diplomatiques et des ecclésiastiques.

106. — Par exception au principe posé dans la loi du 21 ventôse an IX, sont déclarés insaisissables :

1° Les traitements des ambassadeurs, ministres et agents diplomatiques (*Décret du 25 novembre 1810*) ;

2° Les traitements ecclésiastiques et ceux des ministres protestants. (*Arrêtés des consuls des 18 nivôse an XI et 15 germinal an XII.*)

Cette disposition s'applique à tous les cultes salariés par l'État.

Insaisissabilité de diverses allocations pour services publics.

107. — On doit également considérer comme insaisissables les sommes allouées, non à titre de rémunération, mais à titre de remboursement d'avances déjà faites ou de payement de frais relatifs à l'exécution d'un service public : telles sont les sommes mandatées pour frais fixes, pour frais de bureau, de tournées, de déplacements, de découcher, etc.

Application de la règle aux directeurs des contributions directes.

108. — Cette règle a été appliquée, notamment :

1° Aux sommes allouées aux directeurs des contributions directes, pour frais de bureaux et pour la confection des matrices cadastrales (*Décision du Ministre des finances du 22 janvier 1838*) et des rôles en matière de contributions directes ;

Aux contrôleurs des contributions directes.

2° Aux sommes allouées aux contrôleurs des contributions directes à titre de frais de tournées et pour leur concours aux mutations cadastrales (*Décision du Ministre des finances du 19 octobre 1839*) [1].

Visa des oppositions portant en partie sur des allocations insaisissables.

109. — Dans le cas où les oppositions signifiées aux payeurs auraient en même temps pour objet d'arrêter le payement du traitement et des allocations énoncées au n° 107, elles sont reçues et visées *pour valoir seulement sur la portion saisissable du traitement.* (*Décision du 22 janvier 1838.*)

---

[1] Les indemnités, pensions et secours, alloués en vertu de la loi du 27 juillet 1904, sur le service des enfants assistés, sont incessibles et insaisissables. Il en est de même des allocations faites aux nourriciers des colonies familiales, pour l'entretien des aliénés. (*Décision du Ministre des finances du 17 mars 1904.*)

Le pécule de réserve remis aux détenus à leur sortie de prison est insaisissable. (*Décret du 22 octobre 1880.*)

2ᵉ SECTION.

TRAITEMENTS MILITAIRES.

§ 1ᵉʳ. — *Solde de la guerre.*

110. — Les officiers et employés militaires en activité, en dispo- nibilité, en non-activité, en jouissance d'une solde de réforme et les officiers généraux du cadre de réserve, sont passibles de retenues sur leur solde dans le cas de dettes envers l'État.

Le Ministre de la guerre a seul le droit de prescrire des retenues; lorsque les intéressés contestent, soit leur qualité de débiteur, soit le montant de la somme que l'autorité militaire veut mettre à leur charge.

Ces retenues ne peuvent excéder le cinquième de la solde nette, pour les traitements supérieurs à 2,000 francs, à moins de décision contraire du Ministre de la guerre; elles ne peuvent excéder le dixième pour les traitements ne dépassant pas cette somme. (*Loi du 12 janvier 1895, art. 1ᵉʳ, décret du 29 mai 1890, sur la solde et les revues, art. 80.*)

Les retenues sont toujours limitées au dixième, lorsqu'il s'agit d'assurer le recouvrement des prix de pensions d'enfants de troupe, dans les écoles militaires préparatoires. (*Loi du 19 juillet 1884, art. 5.*)

111. — Le Ministre de la guerre peut prescrire sur la solde des officiers et employés militaires en activité, en disponibilité, en non- activité, en jouissance d'une solde de réforme, et des officiers géné- raux du cadre de réserve, une retenue pour aliments dans les cas prévus par les articles 203, 205 et 214 du Code civil.

Cette retenue ne peut excéder le tiers de la solde nette. Elle est indépendante de toute autre que subirait déjà l'officier pour quelque cause que ce soit.

Elle est opérée par déduction sur les mandats ou états de solde et le montant en est ordonnancé et payé aux personnes au profit des- quelles la retenue est prescrite, sur la production d'un certificat de retenue et suivant le mode fixé pour les délégations. (*Décret du 29 mai 1890, art. 82.*)

Si cependant des oppositions étaient formées entre les mains des payeurs du Trésor, soit en vertu de jugement, soit avec permission du juge pour les causes susénoncées, ils recevraient ces oppositions dont ils donneraient immédiatement avis à l'intendant militaire et retiendraient la somme fixée par le juge.

Dettes ordinaires.

112. — Les retenues qui ont lieu en vertu d'oppositions juridiques ou saisies-arrêts, sur la solde des officiers et employés militaires en activité, en disponibilité et en non-activité, et des officiers généraux du cadre de réserve, ne peuvent excéder le cinquième de la solde nette pour les traitements supérieurs à 2,000 francs, ni le dixième pour les traitements ne dépassant pas 2,000 francs. (*Décret du 19 pluviôse an III. — Décret du 29 mai 1890, art. 83. — Loi du 12 janvier 1895, art. 1er.*)

Le Ministre de la guerre peut ordonner au profit de tiers des retenues sur la solde, lorsque cette solde n'est pas déjà frappée d'oppositions juridiques ou saisies-arrêts. Ces retenues ne peuvent excéder le cinquième ou le dixième de la solde nette comme il a été dit ci-dessus.

Lorsque le Ministre use de cette faculté, il indique les conditions dans lesquelles ces retenues doivent être faites et payées.

En outre, les chefs de corps peuvent prescrire sur la solde des officiers, les retenues prévues par les règlements sur le service intérieur des corps de troupe. (*Décret du 29 mai 1890, art. 84.*)

Les soldes supérieures à 2,000 francs ne peuvent faire l'objet de cessions que dans la limite de la portion saisissable ; celles de 2,000 francs et au-dessous ne peuvent être cédées que pour un dixième, toutes réserves faites en ce qui concerne les délégations pour la subsistance et l'entretien de la famille. [Voyez nos 105, 163 et 167.] (*Loi du 12 janvier 1895, art. 2 et 3.*)

La solde de réforme ne peut être saisie ni cédée pour dettes ordinaires. (*Décret du 29 mai 1890, art. 133.*)

Indemnité et prime de rengagement des sous-officiers.

113. — L'indemnité et la prime de rengagement des sous-officiers, sont saisissables en totalité par voie d'oppositions ou saisies-arrêts. (*Décret du 29 mai 1890, art 83.*)

114. — L'indemnité de gestion des services administratifs est assimilée à la solde et saisissable comme elle dans les mêmes proportions.

115. — Sont également saisissables, les indemnités de service allouées aux officiers retraités rapporteurs des Conseils de guerre, ou employés dans les établissements pénitentiaires, les bureaux de recrutement, ou occupant tout autre emploi militaire rétribué sur les fonds de la solde.

116. — Doivent être considérées comme insaisissables, les indemnités pour frais de service, pour frais de bureau, en rassemblement, de vivres, allouées au titre du service de routes, aux troupes en marche, aux officiers employés comme vaguemestres aux armées, de première mise d'équipement, d'entrée en campagne, pour perte de chevaux et d'effets (*art. 190 du règlement du 3 avril 1869, mis à jour*).

Les payeurs doivent donc refuser toute opposition qui leur serait faite au payement de ces indemnités.

§ 2. — *Solde des troupes coloniales.*

117. — Les officiers et assimilés, en activité, en disponibilité, en non-activité, en jouissance d'une solde de réforme et les officiers généraux du cadre de réserve, sont passibles de retenues sur leur solde dans le cas de dettes envers l'État. Le Ministre a seul le droit de prescrire des retenues lorsque les intéressés contestent, soit leur qualité de débiteur, soit le montant de la somme que l'autorité militaire veut mettre à leur charge. Ces retenues ne peuvent excéder le cinquième de la solde nette pour les traitements supérieurs à 2,000 francs, à moins de décision contraire du Ministre; elles ne peuvent excéder le dixième pour les traitements ne dépassant pas cette somme. (*Loi du 12 janvier 1895, art. 1er; décret du 29 décembre 1903, sur la solde des troupes coloniales, art 24.*)

Les retenues à exercer sur la solde des officiers et assimilés, qui restent débiteurs envers le Trésor d'une partie de leur pension dans les diverses écoles militaires du gouvernement, sont fixées, savoir:

au cinquième de la solde pour les officiers supérieurs, au dixième pour les capitaines, au vingtième pour les lieutenants. Toute retenue sera ajournée pour les sous-lieutenants et assimilés jusqu'à leur promotion au grade supérieur. (*Décret du 29 décembre 1903, art. 24.*)

Les retenues sont toujours limitées au dixième, lorsqu'il s'agit d'assurer le recouvrement des prix de pensions d'enfants de troupe dans les écoles militaires préparatoires. (*Loi du 19 juillet 1884, art. 5.*)

Dettes alimentaires.

118. — Le Ministre des Colonies peut prescrire sur la solde des officiers et assimilés en activité, en disponibilité, en non-activité, en jouissance d'une solde de réforme et des officiers généraux du cadre de réserve, une retenue pour aliments, dans les cas prévus par les articles 203, 205, 206, 207, 214 et 349 du Code civil. Cette retenue ne peut excéder le tiers de la solde nette. Elle est indépendante de toute autre retenue que subirait déjà l'officier pour quelque cause que ce soit. Elle est opérée par déduction sur les mandats ou états de solde et le montant en est ordonnancé et payé aux personnes au profit desquelles la retenue est prescrite, sur la production d'un certificat de retenue.

En cas de décès de la personne secourue, sa succession a droit aux sommes qui auraient pu être retenues sur la solde de l'officier ou assimilé, jusqu'au jour inclus du décès de cette personne. Le surplus fait retour à celui qui subissait la retenue (*Décret du 29 décembre 1903, art. 26*).

Si cependant des oppositions étaient formées entre les mains des payeurs du Trésor, soit en vertu de jugement, soit avec permission du juge pour les causes susénoncées, ils recevraient ces oppositions, dont ils donneraient immédiatement avis au service de l'intendance, et retiendraient la somme fixée par le juge.

Dettes ordinaires.

119. — Les retenues qui ont lieu en vertu d'oppositions juridiques ou saisies-arrêts sur la solde des officiers et employés militaires, en activité, en disponibilité et en non-activité et des officiers généraux du cadre de réserve, ne peuvent excéder le cinquième de la solde nette pour les traitements supérieurs à 2,000 francs ou le dixième pour les traitements de 2,000 francs et au-dessous,

(*Loi du 12 janvier 1895, art. 1er. Décret du 29 décembre 1903, art. 27.*)

Les soldes supérieures à 2,000 francs ne peuvent faire l'objet de cessions que dans la limite de la portion saisissable ; celles de 2,000 francs et au-dessous ne peuvent être cédées que pour un dixième, toutes réserves faites en ce qui concerne les délégations pour la subsistance et l'entretien de la famille. [Voyez nᵒˢ 105, 163 et 166.] (*Loi du 12 janvier 1895, art. 2 et 3.*)

La solde de réforme ne peut être saisie ni cédée pour dettes ordinaires.

120. — La première mise d'entretien et la prime de rengagement des sous-officiers, sont saisissables en totalité par voie d'oppositions ou saisies-arrêts. (*Décret du 29 décembre 1903, art. 27.*)

Première mise d'entretien et prime de rengagement des sous-officiers.

§ 3. — *Solde de la gendarmerie.*

121. — Les officiers et les sous-officiers, brigadiers et gendarmes en activité de service, sont passibles de retenues sur leur solde dans le cas de dettes envers l'État.

Dettes envers l'État.

Le Ministre de la guerre a seul le droit de prescrire des retenues lorsque les intéressés contestent, soit leur qualité de débiteur, soit le montant de la somme que l'autorité militaire veut mettre à leur charge.

Ces retenues ne peuvent excéder le dixième de la solde nette pour les traitements ne dépassant pas 2,000 francs et le cinquième pour les traitements supérieurs à 2,000 francs, déduction faite pour les sous-officiers, brigadiers et gendarmes, du prélèvement de la portion qui doit être versée à la masse individuelle, à moins de décision contraire du Ministre de la guerre. (*Loi du 12 janvier 1895, art. 1er et Décret portant règlement sur la solde des corps de la gendarmerie du 3 janvier 1903, art. 58.*)

Les retenues sont toujours limitées au dixième, lorsqu'il s'agit d'assurer le recouvrement des prix de pensions d'enfants de troupe dans les écoles militaires préparatoires. (*Loi du 19 juillet 1884, art. 5.*)

Dettes alimentaires.

122. — Le Ministre de la guerre peut prescrire sur la solde des officiers, sous-officiers, brigadiers et gendarmes en activité, une retenue pour aliments dans les cas prévus par les articles 203, 205 et 214 du Code civil.

Cette retenue ne peut excéder le tiers de la solde nette, déduction faite pour les sous-officiers, brigadiers et gendarmes du prélèvement au profit de la masse. Elle est indépendante de toute autre que subirait déjà le militaire pour quelque cause que ce soit.

Elle est opérée par déduction sur les états de solde et le montant en est ordonnancé par le sous-intendant militaire, au profit des personnes pour lesquelles la retenue est prescrite, sur la production d'un certificat de retenue. (*Règlement du 3 janvier 1903, art. 60.*)

Si cependant des oppositions étaient formées entre les mains des payeurs du Trésor, soit en vertu de jugement, soit avec permission du juge pour les causes susénoncées, ils recevraient ces oppositions dont ils donneraient immédiatement avis à l'intendant militaire et retiendraient la somme fixée par le juge.

Dettes ordinaires.

123. — Les retenues qui ont lieu en vertu d'oppositions juridiques ou saisies-arrêts sur la solde des officiers, sous-officiers, brigadiers et gendarmes ne peuvent excéder le dixième de la solde nette pour les traitements ne dépassant pas 2,000 francs ou le cinquième pour les traitements supérieurs à 2,000 francs, déduction faite pour les sous-officiers, brigadiers et gendarmes du prélèvement au profit de la masse. (*Loi du 12 janvier 1895, art. 1er et Décret du 3 janvier 1903, art. 61.*)

Le Ministre de la guerre peut ordonner au profit de tiers des retenues sur la solde des officiers, sous-officiers, brigadiers et gendarmes, lorsque cette solde n'est pas déjà frappée d'oppositions juridiques ou saisies-arrêts. Ces retenues ne peuvent excéder le dixième ou le cinquième de la solde suivant la distinction ci-dessus.

Lorsque le Ministre use de cette faculté, il indique les conditions dans lesquelles les retenues devront être faites et payées.

En outre, les chefs de corps peuvent prescrire sur le traitement des militaires de tous grades les retenues prévues par le règlement sur le service intérieur de la gendarmerie. (*Décret du 3 janvier 1903, art. 62.*)

Les soldes supérieures à 2,000 francs ne peuvent faire l'objet de cessions que dans la limite de la portion saisissable ; celles de 2,000 francs et au-dessous ne peuvent être cédées que pour un dixième, toutes réserves faites en ce qui concerne les délégations pour la subsistance et l'entretien de la famille. [Voyez n°⁵ 105, 163 et 166.] (*Loi du 12 janvier 1895, art. 2 et 3.*)

124. — Les états de payement concernant les sous-officiers, brigadiers et gendarmes étant collectifs et sans indication des noms des parties prenantes, le trésorier de la compagnie doit, à la fin de chaque mois et avant le payement du mandat, présenter au payeur un état nominatif, sur lequel celui-ci fait les vérifications nécessaires pour s'assurer s'il existe des oppositions.

Le payeur remet ensuite un certificat au trésorier qui, en cas d'opposition, mentionne au bas de l'état de payement, les noms, prénoms et grades des militaires grevés, avec le montant des sommes revenant à chacun d'eux. Sur ces sommes, le payeur fait la retenue.

Ces dispositions sont applicables aux sous-officiers, brigadiers et soldats de la gendarmerie maritime. (*Circulaire du Ministère de la marine du 19 décembre 1903.*)

§ 4. — *Solde de la Marine.*

125. — Des retenues pour dettes envers l'État peuvent être prescrites par l'autorité maritime sur la solde des officiers, aspirants, fonctionnaires et agents du Département de la marine. Elles ne peuvent excéder le cinquième de la solde nette des officiers et autres en activité, ou des officiers en non-activité, à moins de décision contraire du Ministre, qui peut élever la retenue jusqu'au tiers de la solde nette.

En cas de débarquement, après avances reçues et non acquises, la retenue est fixée au tiers de la solde, à moins de décision spéciale du Ministre.

Les retenues pour dettes envers l'État sont indépendantes de celles que l'officier ou autre peut déjà subir, sans que cependant l'ensemble des retenues puisse excéder les deux tiers de la solde, si l'officier ou autre est embarqué, ou la moitié, s'il est en service à terre ou en non-activité. (*Décret du 24 septembre 1896, art. 117 et 124.*)

Dettes alimentaires. **126.** — Le Ministre de la marine peut ordonner sur la solde des officiers et autres, des retenues pour aliments, dans les espèces prévues par les articles 203, 205 et 214 du Code civil.

En cas de décès de la personne secourue, sa succession a droit aux sommes qui auraient pu être retenues jusqu'au jour de ce décès. Le surplus fait retour à l'officier ou autre qui subissait la retenue.

Les retenues pour aliments sont indépendantes de toutes autres que l'intéressé peut subir pour quelque cause que ce soit, sans que cependant l'ensemble des retenues diverses puisse excéder, ainsi qu'il est dit au numéro précédent, la moitié ou les deux tiers de la solde selon les cas. (*Décret du 24 septembre 1896, art. 120 et 124.*)

Si cependant une opposition était formée entre les mains du payeur, soit en vertu de jugement, soit avec permission du juge pour les causes susénoncées, il recevrait cette opposition dont il donnerait immédiatement avis à l'Administration maritime et retiendrait la somme fixée par le juge.

Dettes ordinaires. **127.** — Les retenues pour dettes contractées envers des tiers par les officiers et autres, ont lieu en vertu d'oppositions judiciaires. Elles ne peuvent excéder le cinquième de la solde nette ou le dixième, si la solde ne dépasse pas deux mille francs, à moins de décision contraire du Ministre de la marine.

Le Ministre peut également prescrire des retenues lorsqu'il le juge nécessaire; les commandants en chef à la mer ont le même droit hors de France, sous la réserve de rendre compte au Ministre.

Toutefois la survenance d'une opposition judiciaire a pour effet de suspendre l'exercice des retenues, ainsi opérées d'office au profit des tiers. (*Même décret, art. 121 et 123. Loi du 12 janvier 1895, art. 1er.*)

Les soldes supérieures à 2,000 francs ne peuvent faire l'objet de cessions que dans la limite de la portion saisissable; celles de 2,000 francs et au-dessous ne peuvent être cédées que pour un dixième, toutes réserves faites en ce qui concerne les délégations pour la subsistance et l'entretien de la famille. [Voyez nᵒˢ 105, 163 et 166.] (*Loi du 12 janvier 1895, art. 2 et 3.*)

Règles spéciales à la solde de réforme. **128.** — La solde de réforme est incessible et insaisissable excepté pour débet envers l'État ou les corps, ou pour aliments. Les retenues à exercer dans ces cas n'ont lieu qu'en vertu d'une décision du Ministre de la marine (*Décret du 24 septembre 1896, art. 126.*)

129. — Ne sont pas passibles de retenues les frais de représentation et de bureau, les indemnités de route, de séjour, de déplacement, de rassemblement, de vivres, de logement, la gratification d'entrée en campagne et les indemnités pour perte d'effets. (*Règlement sur la comptabilité de la Marine du 14 janvier 1869, art. 164.*)

Insaisissabilité de diverses allocations.

130. — Les dispositions qui précèdent, sont applicables, en dehors des officiers et des aspirants, aux agents divers à la nomination des vices-amiraux commandant en chef, préfets maritimes, chefs de service dans les ports secondaires et directeurs des établissements hors des ports.

Mais elles ne concernent pas les agents de l'Administration centrale, ni les fonctionnaires et employés civils, ni les ouvriers, qui restent soumis aux lois du 21 ventôse an IX ou du 12 janvier 1895. (*Décret du 24 septembre 1896, art. 179.*)

Agents auxquels s'appliquent les règles qui précèdent.

131. — La solde et les accessoires de solde des officiers mariniers, marins ou autres, faisant partie du personnel des équipages de la flotte, en activité ou en disponibilité, sont incessibles, excepté dans le cas de délégations de famille et insaisissables, excepté dans les cas de dettes envers l'État, ou pour aliments dans les circonstances prévues par les articles 203, 205 et 214 du Code civil.

En conséquence, aucune opposition ou saisie-arrêt sur les sommes dues par l'État auxdits officiers mariniers, marins ou autres, en raison de dettes et obligations faites ou consenties par eux, ne peut être admise par les trésoriers-payeurs généraux, agents ou préposés du Trésor public. (*Décret du 10 juillet 1895, art. 351 et 352.*)

Incessibilité et insaisissabilité de la solde des marins et officiers mariniers. — Exception au cas de délégation de famille, de dette envers l'État ou pour aliments.

132. — Les parts de prises des marins des bâtiments de l'État sont insaisissables.

Insaisissabilité des parts de prises.

133. — Les primes de rengagement des quartiers-maîtres et des marins sont saisissables en totalité par voie de saisie-arrêt.

Saisissabilité des primes de rengagement.

3ᵉ SECTION.

DISPOSITIONS COMMUNES AUX TRAITEMENTS CIVILS ET MILITAIRES. VERSEMENT DES RETENUES À LA CAISSE DES DÉPÔTS ET CONSIGNATIONS.

134. — Les payeurs versent d'office à la Caisse des dépôts et consignations les retenues effectuées sur les appointements ou traitements civils et militaires en vertu d'oppositions. (*Art. 1ᵉʳ de l'ordonnance du 16 septembre 1837.*)

Cette consignation doit être effectuée dans les conditions indiquées au chapitre V de la première partie. (*Voyez notamment nᵒˢ 53 et 54.*)

135. — Les payeurs ne doivent verser à la Caisse des consignations que les sommes en état de saisie-arrêt, et non celles qui sont attribuées à un tiers par jugement, transport ou délégation.

CHAPITRE VI.

Des pensions.

136. — La saisissabilité des pensions sur l'État est, ainsi que celle des traitements, régie par des lois spéciales et par des règlements, ordonnances ou décrets. (*Art. 580 du Code de procédure civile.*)

1ʳᵉ SECTION.

PENSIONS CIVILES ET ECCLÉSIASTIQUES.

137. — Les pensions civiles payées par l'État sont incessibles et insaisissables.

Aucune saisie ou retenue ne peut être opérée du vivant du pensionnaire que jusqu'à concurrence d'un cinquième pour débet envers l'État ou pour créances privilégiées, aux termes de l'article 2101 du Code civil, et d'un tiers, dans les circonstances prévues par les articles 203, 205, 206, 207 et 214 du même Code. (*Loi du 9 juin 1853, art. 26.*)

138. — Les oppositions pour débet envers l'État se font par voie administrative. Les payeurs doivent s'abstenir d'exercer sur les pensions aucun prélèvement tant que l'ordre ne leur en a pas été donné par le Service du contentieux, en ce qui touche les débets dont la poursuite est attribuée à l'Agence judiciaire du Trésor, ou par la Direction de la dette inscrite, pour le recouvrement des amendes et frais de justice, contributions arriérées, etc. (*Circulaire de la Direction de la dette inscrite du 28 août 1844.*)

139. — Dans les autres cas spécifiés au n° 137, les oppositions pourront être faites soit avec permission du juge, soit en vertu d'un titre ou d'un jugement constatant la nature privilégiée de la créance. Mais les payeurs ne devront se dessaisir des retenues, à défaut du consentement des parties intéressées, que sur la mainlevée des oppositions ou en vertu de jugements attributifs.

Oppositions pour créances privilégiées ou pour aliments.

140. — Les oppositions qui seraient formées par le propriétaire du brevet de pension sont également reçues par le payeur et peuvent, aux termes de l'article 7 de la loi du 22 floréal an VII, être faites au moyen d'une déclaration écrite par le propriétaire ou son fondé de pouvoirs. Elles sont annulées de la même manière.

Oppositions à la requête des pensionnaires eux-mêmes.

2ᵉ SECTION.

PENSIONS MILITAIRES (ARMÉES DE TERRE ET DE MER).

141. — Les pensions militaires de retraite et leurs arrérages sont incessibles et insaisissables, excepté pour débet envers l'État ou dans les circonstances prévues par les articles 203, 205 et 214 du Code civil.

[Pensions militaires incessibles et insaisissables, excepté pour débets et pour aliments.

Dans ces deux cas, les pensions militaires sont passibles de retenues qui ne peuvent excéder le cinquième de leur montant pour cause de débet, et le tiers pour aliments. (*Art. 28 de la loi du 11 avril 1831, pour l'armée de terre; art. 30 de la loi du 18 avril de la même année, pour l'armée de mer; art. 268 du Décret du 31 mai 1862; art. 192 du Règlement sur la Comptabilité de la Guerre du 3 avril 1869; arrêt de la Cour de Toulouse du 18 janvier 1840; arrêt de la Cour de cassation du 24 décembre 1883; jugement du Tribunal de Caen du 27 juillet 1891; jugement du Tribunal de la Seine du 18 mai 1898.*)

Toutefois les débets pour prix de pensions d'enfants de troupe dans les écoles militaires préparatoires, ne peuvent donner lieu qu'à des retenues du dixième. (*Loi du 19 juillet 1884, art. 5.*)

142. — Les pensions *de réforme* sont également passibles de retenues, qui ne peuvent excéder le cinquième pour cause de débet et le tiers pour aliments. (*Loi du 19 mai 1834, art. 20.*)

Sont assimilées aux pensions de réforme les gratifications de réforme permanentes ou renouvelables.

143. — Les tribunaux ont quelquefois étendu la saisissabilité en faveur des créanciers pour fournitures d'objets d'aliments faites aux pensionnaires eux-mêmes ou à des individus à leur charge. Dans tous les cas, les payeurs ne doivent recevoir d'oppositions de la part de ces créanciers que si elles sont formellement autorisées par justice, et pour la portion déterminée.

144. — Les oppositions pour débet envers l'État ou les corps se font par voie administrative.

145. — Des retenues ne peuvent être exercées sur les traitements de la Légion d'honneur et de la médaille militaire qu'en vertu d'instructions de l'Agent-comptable de la Grande Chancellerie, et seulement pour débet ou pour pensions alimentaires. (*Instruction du 1ᵉʳ décembre 1881 sur la comptabilité de la Grande Chancellerie de la Légion d'honneur, art. 39, 102, et 106. — Arrêt de la Cour de cassation du 10 juillet 1883.*)

3ᵉ SECTION.

DISPOSITIONS COMMUNES AUX PENSIONS DE TOUTE NATURE.

146. — Les sommes retenues pour débet envers l'État ou les corps sont versées par les payeurs au compte du Trésor public, sur l'ordre administratif qui leur est transmis à cet effet.

147. — Quant aux sommes retenues à la suite d'oppositions formées par application des articles 203, 205, 206, 207 et 214 du Code civil, les payeurs ne doivent s'en dessaisir, à défaut du consentement des parties intéressées, que sur la mainlevée des oppositions ou en vertu de jugements attributifs.

148. — Les deux quotités saisissables des pensions de retraite, le cinquième ou le tiers suivant les cas, ne peuvent pas être cumulées; les deux tiers de la pension doivent toujours être laissés à la libre disposition du titulaire. Si donc il existe sur une même pension deux oppositions pratiquées, l'une pour le cinquième, l'autre à concurrence du tiers, la retenue ne saurait excéder le tiers, et les intéressés, à défaut d'accord entre eux pour le partage des retenues, doivent être renvoyés à faire régler leurs droits par justice.

Les deux quotités saisissables ne se cumulent pas.

149. — Les retenues faites sur les pensions civiles et militaires ne sont pas, comme celles faites sur les traitements, susceptibles d'être versées d'office par les payeurs à la Caisse des dépôts et consignations : ces retenues ne doivent être consignées qu'en vertu de décisions judiciaires. (*Ordonnance du 16 septembre 1837, art. 1er, et arrêté ministériel du 24 octobre suivant. Arrêt de la Cour de cassation du 10 juillet 1883.*)

Retenues non versées à la Caisse des dépôts et consignations.

150. — Les oppositions sur les pensions de retraite sont soumises à toutes les dispositions concernant la forme des oppositions ordinaires, leur renouvellement et leur péremption.

La loi du 12 janvier 1895 ne leur est pas applicable. (*Cour d'Angers, 21 décembre 1897; Cour de Rennes, 15 avril 1902.*)

Forme, renouvellement et péremption des oppositions.

151. — Il ne peut être reçu aucune signification de transport, cession ou délégation de pension, sauf dans les cas où l'opposition est autorisée et pour la portion saisissable.

Délégation ou transport.

CHAPITRE VII.

Disposition générale applicable aux traitements et pensions.

152. — L'insaisissabilité partielle des arrérages des pensions et des traitements civils ou militaires cesse à la mort du titulaire. Les sommes qui restent dues à sa succession peuvent être intégralement saisies par tous ses créanciers. (*Loi du 19 février 1792, art. 7, et arrêté du 7 thermidor an x.*)

Saisissabilité totale des décomptes de traitements et pensions à la mort des titulaires.

Cette disposition s'applique même aux traitements de 2,000 francs et au-dessous, qui sont régis par la loi du 12 janvier 1895.

CHAPITRE VIII.

Secours.

Insaisissabilité des secours accordés par les ministères.

153. — Les secours accordés par tous les ministères, et considérés comme provisions alimentaires, sont insaisissables, sauf pour aliments. (*Article 581 du code de procédure civile.*)

Cependant les Ministres, chacun en ce qui le concerne, peuvent ordonner, pour cause de débet envers l'État, une retenue sur les secours qu'ils accordent.

Cette retenue s'opère par voie administrative.

Secours pour grêle, inondations, incendies, naufrages ou autres désastres.

154. — L'État accorde des secours pour grêle, inondations, incendies, naufrages ou autres désastres. Les sommes allouées à ce titre sont insaisissables par suite de leur caractère alimentaire et en raison de l'allocation volontaire qui en est faite par l'État.

Il y a exception à cette règle, si les créanciers sont porteurs de titres d'une date postérieure à la décision ministérielle contenant allocation des secours. (*Art. 582 du code de procédure civile.*)

Dans ce dernier cas, c'est aux tribunaux qu'il appartient de donner l'autorisation de saisir et de fixer la portion saisissable. (*Art. 582 même code.*)

CHAPITRE IX.

Dotations.

Insaisissabilité des dotations du mont de Milan et des dotations sur les canaux d'Orléans et du Loing.

155. — Les dotations du mont de Milan sont insaisissables; elles ne peuvent être déléguées que pour le payement de créances privilégiées, aux termes de l'article 2101 du code civil, et jusqu'à concurrence de moitié (*Décret du 1ᵉʳ mars 1808, art. 51 et 52*). Si des délégations lui sont signifiées, le comptable sursoit provisoirement au payement des sommes déléguées et transmet à la Direction de la dette inscrite les actes signifiés, pour que les droits des délégataires puissent être dûment examinés (*Circulaire de la dette inscrite du 20 septembre 1862*).

Les dotations sur les canaux d'Orléans et du Loing sont incessibles et insaisissables. (*Décret du 12 mars 1864, art. 4.*)

CHAPITRE X.

Rentes sur l'État.

156. — Il n'est reçu d'oppositions soit au transfert, soit au payement des arrérages des rentes nominatives, que lorsqu'elles sont formées par les propriétaires de ces rentes. (*Art. 4 de la loi du 8 nivôse an VI et art. 7 de la loi des 22-24 floréal an VII.*)

Insaisissabilité des rentes sur l'État.

157. — Les oppositions au transfert des rentes nominatives directes et les actes de nantissement affectant ces rentes sont signifiés au conservateur des oppositions au Trésor.

Rentes nominatives : 1° Oppositions au transfert.

158. — Les oppositions au payement des arrérages desdites rentes peuvent toujours être signifiées au Conservateur des oppositions, lorsqu'il s'agit de rentes 3 p. o/o amortissable. En ce qui concerne les rentes 3 p. o/o perpétuel, les oppositions au payement des arrérages sont signifiées au Trésorier-payeur général du département dans lequel ces arrérages sont payables, et, pour le département de la Seine, au conservateur des oppositions au Trésor.

2° Oppositions au payement des arrérages.

159. — Il est tenu compte, cependant, des oppositions au transfert et au payement des arrérages de rentes nominatives qui sont formées par simple lettre sur papier timbré, adressée au Directeur de la Dette inscrite.

Oppositions par lettres sur timbre.

160. — Les significations concernant soit le transfert, soit le payement des arrérages des rentes départementales, doivent être notifiées au Trésorier-payeur général qui tient le livre auxiliaire où ces rentes sont inscrites.

Rentes départementales.

161. — Les rentes au porteur et autres valeurs de même nature ne sont susceptibles d'aucune opposition, attendu que le Trésor n'a pas le moyen d'empêcher leur transmission, ni d'arrêter le payement de leurs arrérages. (*Article 16 de la loi du 15 juin 1872.*)

Rentes au porteur.

4.

TROISIÈME PARTIE.

RÈGLES SPÉCIALES CONCERNANT LA SAISIE-ARRÊT

DES SALAIRES ET PETITS TRAITEMENTS.

CHAPITRE Ier.

Fixation d'une portion saisissable et d'une portion cessible.

Saisissabilité d'un dixième.

162. — Les traitements d'employés, d'agents ou de fonctionnaires ne dépassant pas 2,000 francs par an, les salaires des ouvriers ou des gens de service, quel qu'en soit le montant, ne sont saisissables que jusqu'à concurrence d'un dixième. (*Loi du 12 janvier 1895, art. 1er.*)

Cessibilité d'un dixième.

163. — Ces traitements et salaires ne peuvent être cédés que jusqu'à concurrence d'un autre dixième. (*Même loi, art. 2.*)

Distinction entre les retenues faites en vertu d'oppositions, et celles faites en vertu de cessions.

164. — Les retenues opérées en vertu d'oppositions ne se confondent pas avec celles qui sont effectuées en vertu de cessions. Les créanciers inscrits sur le dixième saisissable ne viennent pas en concours avec les créanciers inscrits sur le dixième cessible et réciproquement.

Application de la loi du 12 janvier 1895 aux traitements militaires.

165. — Les traitements militaires sont soumis à l'application de la loi du 12 janvier 1895 comme les traitements civils, du moins, lorsque cette loi constitue pour les intéressés, un avantage, par rapport à la réglementation spéciale.

Mais la loi de 1895 ne doit pas être étendue aux pensions civiles ou militaires. (*Arrêt de la Cour d'Angers du 21 décembre 1897 ; arrêt de la Cour de Rennes du 15 avril 1902.*)

166. — Les cessions et saisies faites pour le payement des dettes alimentaires, prévues par les articles 2o3, 2o5, 2o6, 2o7, 2 14 et 3 49 du Code civil, ne sont pas soumises aux restrictions mentionnées aux n°s 162 et 163 ci-dessus. (*Loi du 12 janvier 1895, art. 3.*)

CHAPITRE II.

Formation et réception des oppositions et des cessions.

167. — Les oppositions sur les traitements n'excédant pas 2,000 francs par an et sur les salaires d'ouvriers ne peuvent être pratiquées : 1° s'il y a titre, qu'après visa du greffier de la justice de paix du domicile du débiteur saisi; 2° s'il n'y a pas de titre, qu'en vertu d'une autorisation donnée par le juge de paix du domicile du débiteur saisi. (*Loi du 12 janvier 1895, art. 6.*)

168. — La première opposition est seule signifiée par huissier. L'exploit doit contenir en tête l'extrait du titre, s'il y en a un, ainsi que la copie du visa, ou, à défaut de titre, la copie de l'autorisation du juge de paix qui évalue le chiffre de la créance. Cet exploit est soumis aux règles générales tracées par le décret du 18 août 1807; il est exempt des droits de timbre et d'enregistrement. [*Voyez n° 87.*] (*Loi du 12 janvier 1895, art. 6, 7 et 15, loi du 22 avril 1905, art. 8.*)

169. — Les oppositions subséquentes sont notifiées au payeur, au moyen de lettres recommandées du greffe (*Loi du 12 janvier 1895, art. 7*).

170. — Par suite du changement de domicile d'un débiteur saisi, des oppositions peuvent avoir été formées contre lui, dans différentes justices de paix. Les payeurs doivent, en pareil cas, tenir compte de toutes les oppositions dont notification leur est faite, sans se préoccuper de leurs différentes provenances.

Il leur est cependant recommandé de donner avis de cette situation, aux greffiers des diverses justices de paix, d'où émanent les oppositions. Dans tous les cas, aucun paiement ne peut être effectué en vertu d'un état de répartition, que si tous les opposants ont été régulièrement convoqués.

171. — Les payeurs doivent s'abstenir de recevoir des oppositions qui seraient pratiquées d'après les formes tracées par la loi du 12 janvier 1895, si le traitement du fonctionnaire saisi est supérieur à 2,000 francs.

Ils ne doivent pas davantage recevoir des oppositions signifiées conformément aux dispositions du Code de procédure, si le traitement est de 2,000 ou au-dessous.

La régularité de la procédure employée est subordonnée à l'importance des appointements du fonctionnaire saisi.

172. — Pour calculer l'importance d'un traitement au point de vue de la forme de procédure à employer, il convient de réunir à son chiffre brut celui de tous ses accessoires saisissables qui présentent le double caractère de permanence et de fixité (indemnités de résidence, de logement, etc.).

On ne doit pas tenir compte, dans ce calcul, des accessoires variables ou éventuels d'un traitement, comme le sont en général la rétribution d'heures supplémentaires de travail, les gratifications, etc. Mais ces allocations étant saisissables, doivent supporter la retenue dans la même proportion que le traitement. (*Voyez n° 104.*)

Enfin, il n'y a jamais lieu, bien entendu, de faire entrer en ligne de compte les allocations insaisissables. (*Voyez n° 107.*)

Le payeur doit être à même de pouvoir apprécier la régularité, en la forme, de l'opposition, au moment où elle est pratiquée.

173. — Le payeur peut exiger que l'exploit d'opposition mentionne le chiffre du traitement, ou, du moins, contienne l'indication que ce traitement est supérieur ou inférieur à 2,000 francs.

S'il conserve des doutes sur l'exactitude de l'indication qui lui est ainsi fournie, il devra dans son visa faire ses réserves relativement à l'application de l'opposition.

174. — Les chefs de services ou les ordonnateurs sont, le plus souvent, seuls à même de fournir des renseignements certains sur l'importance du traitement d'un agent ou fonctionnaire. Cependant les payeurs doivent, si la demande leur en est faite par un greffier de justice de paix ou par un huissier chargé de signifier une opposition, communiquer à ceux-ci, mais sous toutes réserves, les renseignements qu'ils peuvent posséder à ce sujet.

175. — Lorsqu'un traitement, n'excédant pas 2,000 francs et grevé d'oppositions, vient à être porté au delà de ce chiffre, les oppositions dont il est frappé continuent à recevoir leur application, mais dans la limite du dixième seulement, attendu qu'en raison de la forme suivant laquelle elles ont été pratiquées, elles ne peuvent produire effet pour une quotité plus forte.

Élévation du montant d'un traitement au-delà de 2,000 francs.

Toutefois, la survenance d'une saisie-arrêt, pratiquée conformément au droit commun, doit avoir pour conséquence de faire élever le taux de la retenue à la quotité fixée par la loi du 21 ventôse de l'an IX.

176. — Les significations de cessions sont faites conformément aux règles du droit commun. Elles ne sont pas soumises au visa préalable des greffiers de justice de paix. (*Arrêt de la Cour de cassation du 27 décembre 1898.*)

Signification des cessions.

Elles peuvent être rédigées sur papier non timbré et sont enregistrées gratis. (*Loi du 22 avril 1905, art. 8.*) [*Voyez n° 187.*]

177. — En exécution des dispositions concertées entre les départements des Finances, de la Guerre et de la Marine, lorsqu'il survient des oppositions ou des cessions, sur les salaires d'ouvriers civils employés dans les établissements relevant de ces deux derniers ministères, les Trésoriers-payeurs généraux doivent adresser immédiatement des extraits des actes qui leur ont été signifiés, à l'ordonnateur secondaire, c'est-à-dire au directeur de l'établissement auquel le débiteur est attaché. Le directeur donne reçu de ces extraits et s'engage à produire à l'appui du mandat de payement, délivré au nom du conseil d'administration, un état nominatif des ouvriers visés par les oppositions ou les cessions, avec indication de leurs salaires respectifs. Au vu de cette pièce, certifiée par l'ordonnateur, le Trésorier-payeur général opère la retenue ainsi que de droit. (*Circulaires du Ministre de la guerre du 15 novembre 1875 et de la Direction générale de la Comptabilité publique du 15 décembre 1875.*)

Règle spéciale aux oppositions sur les salaires d'ouvriers employés dans les établissements de la guerre et de la marine.

L'application de ces dispositions a été étendue, dans la pratique, aux oppositions ou cessions qui sont signifiées sur les traitements des divers agents, employés à titre permanent, dans les établissements de la Guerre et de la Marine et qui sont rémunérés suivant le même mode de comptabilité que les ouvriers.

CHAPITRE III.

Mainlevée des oppositions.

Mainlevée amiable.

178. — La mainlevée amiable d'une opposition pratiquée en conformité de la loi du 12 janvier 1895, peut être donnée par acte sous seing privé. Elle doit toujours être déposée au greffier qui avise le payeur par lettre recommandée. (*Circulaire du Garde des sceaux du 5 novembre 1896.*)

La radiation est opérée en vertu de ce seul avis.

Mainlevée judiciaire.

179. — Lorsque la mainlevée est prononcée par le juge de paix, le greffier peut adresser au payeur, soit un extrait de la décision du juge, soit un simple avis. Dans l'un comme dans l'autre cas, il doit certifier que la décision est devenue définitive.

CHAPITRE IV.

Maintien de la législation spéciale du Trésor.

Principe général.

180. — La loi du 12 janvier 1895 a laissé subsister la législation spéciale du Trésor, en matière de saisie-arrêt, pour tout ce qui n'est pas formellement contraire à ses dispositions.

Caisses où doivent être signifiées les oppositions.

181. — Il en résulte que, conformément à l'article 13 de la loi du 9 juillet 1836, les oppositions doivent continuer à être faites, à peine de nullité, entre les mains des payeurs sur la caisse desquels les ordonnances ou les mandats sont délivrés. (*Arrêt de la Cour de cassation du 11 mai 1896.*)

L'article 6, § 3, de la loi du 12 janvier 1895, qui autorise la signification des exploits aux représentants préposés au paiement des salaires ou traitements, ne saurait autoriser les receveurs particuliers des finances et les percepteurs à recevoir des oppositions, au lieu et pour le compte des Trésoriers-payeurs généraux.

182. — Nonobstant la disposition de l'article 12 de la loi du 12 janvier 1895, d'après laquelle les effets des saisies-arrêts subsistent jusqu'à complète libération des débiteurs, les oppositions, faites au Trésor en vertu de cette loi, restent soumises à la péremption quinquennale, édictée par l'article 14 de la loi du 9 juillet 1836. Elles doivent donc être radiées, au fur et à mesure qu'elles atteignent cinq années de date, si elles n'ont pas été renouvelées avant l'expiration de ce délai.

Péremption quinquennale.

Le renouvellement se fait au greffe de la justice de paix, au moyen d'une déclaration consignée sur les registres. Avis de l'accomplissement de cette formalité est donné au payeur, dans les quarante-huit heures, par lettre recommandée. (*Circulaire du Garde des sceaux du 19 décembre 1899.*)

Bien entendu, la péremption quinquennale n'est pas applicable aux oppositions sur les traitements ou salaires payés par les départements. (*Voyez n° 30.*)

183. — Les sommes retenues sur les appointements ou salaires, en vertu de la loi du 12 janvier 1895, doivent être versées d'office à la Caisse des dépôts et consignations, conformément au principe posé par l'article 1er de l'ordonnance du 16 septembre 1837. Le dépôt est toujours accompagné d'un extrait certifié des oppositions.

Consignation des retenues.

Ces dispositions ne s'appliquent pas aux retenues qui sont attribuées à un tiers par jugement, transport ou délégation. (*Voyez n° 135.*)

184. — Les Trésoriers-payeurs généraux ne sont pas appelés en déclaration affirmative devant les juges de paix. Conformément à l'article 569 du code de procédure civile et à l'article 6 du décret du 18 août 1807, ils se bornent à délivrer un certificat énonçant si une somme est due au saisi, et, quel en est le montant, dans le cas où elle est liquide. (*Circulaire du Garde des sceaux du 15 mars 1896.*) Ce certificat doit en outre contenir l'état des oppositions.

Délivrance des certificats des sommes dues.

Cette pièce est établie sur papier libre. (*Voyez n° 187.*)

185. — La loi du 12 janvier 1895 n'a porté aucune atteinte aux règles relatives à l'insaisissabilité absolue de certains traitements et de certaines soldes.

Insaisissabilité de certains traitements.

Mode spécial de re-
couvrement des contri-
butions et des taxes pri-
vilégiées.

186. — Aucune modification n'a été apportée au mode spécial de recouvrement, institué pour les contributions et pour les taxes privilégiées. (*Voyez n° 59.*)

Les avis d'avoir à payer ces impositions, que les percepteurs ou les receveurs municipaux adressent aux comptables chargés d'acquitter les salaires et les petits traitements, ne sont donc pas soumis au visa du greffe de la justice de paix.

CHAPITRE V.

Exemption des droits de timbre et d'enregistrement.

Exemption absolue.

187. — Tous les actes, décisions ou formalités auxquels donne lieu l'exécution de la loi du 12 janvier 1895 sont, quelle qu'en soit la nature, rédigés sur papier non timbré et enregistrés gratis. (*Loi du 12 janvier 1895, art. 15; loi du 22 avril 1905, art. 8.*)

QUESTIONS NON RÉSOLUES

PAR LA PRÉSENTE INSTRUCTION.

188. — Toutes les questions qui ne seraient point résolues par la présente instruction, ou qui pourraient naître de son interprétation, devront être soumises par les payeurs au Service du contentieux des finances.

Paris, le 31 août 1905.

Le Chef du Service

du Contentieux des finances,

R. LAPRÉE.

Approuvé :

Le Ministre des Finances,

MERLOU.

ANNEXES.

MODÈLE N.º 1.

REGISTRE DES SAISIES-ARRÊTS

OU OPPOSITIONS ET AUTRES SIGNIFICATIONS.

Créances sur l'État (ou créances sur les départements).

DATES DES VISA DES DÉNONCIATIONS de demandes en validité et mentions des constitutions d'avoués.	EXTRAITS DES OPPOSITIONS ET SIGNIFICATIONS.	DATES des MAINLEVÉES ET RADIATIONS.

EXTRAIT D'OPPOSITION.

Vu le
19
Dénonciation de la
demande en validité
du
19
Constitution de M
avoué au tribunal
d

Nº

Vu le (*date du visa de l'opposition*)   19

Exploit du   de   huissier.

Opposition, à la requête de (*nom et qualité du requérant*), demeurant à   domicile élu à

chez   sur (*indiquer les noms, qualité et demeure de la partie saisie*), en vertu (*énoncer le titre en vertu duquel l'opposition est faite*), au payement des sommes qui sont ou pourront lui être dues par (*le Trésor ou le département*) pour (*indiquer les causes ou la nature de la créance saisie*).

Pour sûreté de la somme de (*indiquer en toutes lettres la somme pour laquelle l'opposition est formée, ainsi que celle des intérêts, frais ou autres accessoires, dont le montant doit toujours être déterminé ou du moins évalué dans l'opposition même*).

CERTIFICAT

D'EXÉCUTION D'ACTES SIGNIFIÉS.

CAUTIONNEMENTS EN NUMÉRAIRE.

Ordonnance de payement du   19 . État
article   de la somme de   pour
le remboursement du cautionnement en numéraire, de M. (*nom,
prénoms et qualités*),   à
département

Le Trésorier-payeur général soussigné certifie que l   .
(*désigner la nature de l'acte*), dont l   signification au Trésor
public   été visée   sous le n°   (1),   reçu une entière
exécution le   , sur l'ordonnance ci-dessus, et
que dans sa quittance, l'ayant-droit a déclaré donner désistement
définitif et sans réserves de s   signification et de tous ses droits à
l'égard du Trésor.

A   , le   19 .

*Si le payement a été fait en vertu de jugement ou actes non signifiés
au conservateur des oppositions, mais portant attribution au profit d'un
créancier qui avait formé une saisie-arrêt entre les mains de ce préposé,
le certificat sera ainsi conçu :*

Le Trésorier-payeur général du département d   certifie,
relativement à   opposition n°   , qu'il lui a été rapporté (ou
signifié) un jugement du tribunal d   en date du
          (ou un acte de délégation devant Mᵉ
notaire à   , le   ), en vertu
d   quel le créancier opposant   été désintéressé et que celui-ci
a donné le   19   dans sa quittance, désistement
définitif et sans réserves de s   signification et de tous ses droits à
l'égard du Trésor, de sorte que l'opposition n°   se trouve sans
objet, les causes en étant éteintes (2).

A   , le   19 .

---

(1) Quand un ou plusieurs jugements d'attribution ont reçu leur exécution, il
faut ajouter ces mots : *et qui avai   statué sur l   opposition n°*

(2) Si le payement a été fait avec le concours du saisi, le certificat doit l'indiquer.

MODÈLE DE CERTIFICAT DE CONSIGNATION.

Ordonnance du   19   , état   art.
de la somme de
pour le remboursement du cautionnement en numéraire
de M.   (*nom, prénom et qualité*),
département de

Le trésorier payeur général du département de
certifie que le   il a versé à la Caisse
des dépôts et consignations la somme de
montant (*ou partie*) de l'ordonnance ci-dessus, à la charge des notifications visées au Trésor sous les n°ˢ   , dont
l'état, délivré par le conservateur des oppositions, a été joint à l'appui
de la consignation.

A   , le   19   .

État des consignations de cautionnements à effectuer (ou déjà effectuées) pour cause d'oppositions ou de significations faites directement au Trésor public.

DÉPARTEMENT D

NOMS, PRÉNOMS ET QUALITÉS DES TITULAIRES.	DATES DES ORDONNANCES de payement.	DATES DES CONSIGNATIONS effectuées.	CAPITAUX.	INTÉRÊTS.	NUMÉRO DU VISA des oppositions et autres significations.

MODÈLE N° 5.

TABLEAU pour servir à déterminer la portion saisissable des traitements des fonctionnaires publics et employés établi d'après la loi du 21 ventôse an IX.

TRAITEMENTS ET APPOINTEMENTS		PORTIONS SAISISSABLES PAR MOIS, SUIVANT LA PROPORTION DE			TOTAUX DES PORTIONS	SOMMES non	OBSERVATIONS.
Par an.	Par mois.	un cinquième sur les premiers 1,000 fr.	un quart sur les 5,000 fr. suivants.	un tiers sur la portion excédant 6,000 fr.	ci-contre réunies.	SAISISSABLES restantes.	
fr.	fr. c.	fr. c.	fr. c.	fr. c.	fr. c.	fr. c.	
2,100	175 00	16 66	22 92	//	39 58	135 42	
2,500	208 33	16 66	31 25	//	47 91	160 42	
3,000	250 00	16 66	41 67	//	58 33	191 67	
4,000	333 33	16 66	62 50	//	79 16	254 17	
5,000	416 66	16 66	83 33	//	99 99	316 67	
6,000	500 00	16 66	104 16	//	120 82	379 18	
7,000	583 33	16 66	104 16	27 77	148 59	434 74	
8,000	666 66	16 66	104 16	55 55	176 37	490 29	
9,000	750 00	16 66	104 16	83 33	204 15	545 85	
10,000	833 33	16 66	104 16	111 11	231 93	601 40	

LÉGISLATION.

DÉCRET DES 14-19 FÉVRIER 1792

Art. 7. A la mort d'un créancier de l'État, tout ce qui sera dû à sa succession par la trésorerie nationale sera saisissable par ses créanciers, quel que soit le titre dudit créancier.

LOI DU 26 PLUVIÔSE AN II

qui interdit aux créanciers particuliers de faire des saisies-arrêts sur les fonds destinés aux entrepreneurs de travaux pour le compte de l'État.

Art. 1er. Les créanciers particuliers des entrepreneurs et adjudicataires des ouvrages faits ou à faire pour le compte de la nation ne peuvent, jusqu'à l'organisation définitive des travaux publics, faire aucune saisie-arrêt ni opposition sur les fonds déposés dans les caisses des receveurs de district, pour être délivrés auxdits entrepreneurs ou adjudicataires.

Art. 2. Les saisies-arrêts et oppositions qui auraient été faites jusqu'à ce jour par les créanciers particuliers desdits entrepreneurs ou adjudicataires sont déclarées nulles et comme non avenues.

Art. 3. Ne sont point comprises dans les dispositions des articles précédents les créances provenant du salaire des ouvriers employés par lesdits entrepreneurs, et les sommes dues pour fournitures de matériaux et autres objets servant à la construction des ouvrages.

Art. 4. Néanmoins, les sommes qui restent dues aux entrepreneurs ou adjudicataires, après la réception des ouvrages, pourront être saisies par leurs créanciers particuliers, lorsque les dettes mentionnées en l'article 3 auront été acquittées.

5.

DÉCRET DU 19 PLUVIÔSE AN III

*relatif aux oppositions sur les appointements des officiers, des commissaires
des guerres et employés dans les armées.*

La Trésorerie nationale est autorisée à faire payer aux officiers des
troupes, aux commissaires des guerres, et à tous autres employés dans
les armées ou à la suite, grevés d'oppositions par leurs créanciers, les
quatre cinquièmes de leurs appointements; le cinquième restant sera
réservé aux créanciers, qui pourront d'ailleurs exercer leurs droits sur
les autres biens de leurs débiteurs.

LOI DU 8 NIVÔSE AN VI

*relative à la formation d'un nouveau grand-livre du tiers consolidé
de la Dette publique.*

Art. 4. Il ne sera plus reçu, à l'avenir, d'opposition sur le tiers conservé de la dette publique inscrite ou à inscrire. Celles faites sont main-
tenues; mais le débiteur saisi pourra offrir de rembourser l'opposant à
due concurrence avec le tiers conservé; et le créancier qui refuserait son
remboursement peut y être contraint en justice, si mieux il n'aime
donner mainlevée de l'opposition. Cependant les comptables envers la
République ne pourront, en aucun temps, disposer de leurs inscriptions
avant l'apurement de leur compte, certifié par le bureau de comptabilité,
si mieux ils n'aiment fournir caution.

LOI DU 13 BRUMAIRE AN VII

sur le timbre.

Art. 12. Sont assujettis au droit de timbre établi en raison de la
dimension, tous les papiers à employer pour les actes et écritures, soit
publics, soit privés, savoir : . . . .
Les pétitions et mémoires, même en forme de lettres, présentés au
Directoire exécutif, aux ministres, à toutes autorités constituées, aux
commissaires de la trésorerie nationale, à ceux de la comptabilité nationale, aux directeurs de la liquidation générale et aux administrations ou
établissements publics.

Aʀт. 16. Sont exceptés du droit et de la formalité du timbre, savoir :

. . . .

Les minutes de tous les actes, arrêtés, décisions et délibérations de l'administration publique et de tous établissements publics, dans tous les cas où aucun de ces actes n'est sujet à l'enregistrement sur la minute, et les extraits, copies et expéditions qui s'expédient ou se délivrent par une administration ou un fonctionnaire public à une autre administration publique ou à un fonctionnaire public, lorsqu'il y est fait mention de cette destination.

LOI DU 22 FLORÉAL AN VII

contenant des mesures pour assurer et faciliter le payement des rentes et pensions.

Aʀт. 7. Il ne sera plus reçu, à l'avenir, d'opposition au payement desdits arrérages (des rentes et pensions), à l'exception de celle qui serait formée par le propriétaire de l'inscription ou du brevet de pension. Cette disposition n'aura son effet qu'à dater de deux mois après la publication de la présente.

LOI DU 21 VENTÔSE AN IX

qui détermine la portion saisissable sur les traitement des fonctionnairess publics et des employés civils.

Les traitements des fonctionnaires publics et employés civils seront saisissables jusqu'à concurrence du cinquième sur les premiers mille francs et toutes les sommes au-dessous, du quart sur les cinq mille francs suivants, et du tiers sur la portion excédant six mille francs, à quelque somme qu'elle s'élève; et ce, jusqu'à l'entier acquittement des créances.

ARRÊTÉ DU 7 THERMIDOR AN X

relatif aux oppositions sur les pensions.

Les consuls. . . . . ., vu la déclaration du 7 janvier 1779, arrêtent :

Aʀт. 2. Il ne sera reçu à l'avenir, au Trésor public, aucune signification de transport, cession ou délégation de pension à la charge de la République.

Art. 3. Les créanciers d'un pensionnaire ne pourront exercer qu'après son décès, et sur le décompte de sa pension, les poursuites et diligences nécessaires pour la conservation de leurs droits.

ARRÊTÉ DU 18 NIVÔSE AN XI

qui déclare les traitements ecclésiastiques insaisissables.

Les consuls de la République française arrêtent :

Art. 1er. Les traitements ecclésiastiques seront insaisissables dans leur totalité.

ARRÊTÉ DU 15 GERMINAL AN XII

sur le traitement des ministres protestants.

Art. 1er. Le traitement des pasteurs des églises protestantes est réglé d'après la population des communes dans lesquelles ils exerceront leur ministère.

Art. 6. Le traitement des pasteurs est insaisissable.

LOI DU 25 NIVÔSE AN XIII

relative au remboursement des cautionnements fournis par les agents de change, courtiers de commerce, etc.

Art. 1er. Les cautionnements fournis par les agents de change, les courtiers de commerce, les avoués, greffiers, huissiers et les commissaires priseurs sont, comme ceux des notaires (article 23 de la loi du 25 ventôse an XI), affectés, par premier privilège, à la garantie des condamnations qui pourraient être prononcées contre eux par suite de l'exercice de leurs fonctions; par second privilège, au remboursement des fonds qui leur auraient été prêtés pour tout ou partie de leur cautionnement; et, subsidiairement, au payement, dans l'ordre ordinaire, des créances particulières qui seraient exigibles sur eux.

Art. 2. Les réclamants, aux termes de l'article précédent, seront admis à faire sur ces cautionnements des oppositions motivées, soit directement à la Caisse d'amortissement, soit aux greffes des tribunaux

dans le ressort desquels les titulaires exercent leurs fonctions, savoir :
pour les notaires, commissaires-priseurs, avoués, greffiers et huissiers,
au greffe des tribunaux civils, et pour les agents de change et courtiers,
au greffe des tribunaux de commerce.

Art. 3. L'original des oppositions faites sur les cautionnements, soit
à la Caisse d'amortissement, soit au greffe des tribunaux, y restera déposé
pendant vingt-quatre heures, pour y être visé.

Art. 4. La déclaration au profit des prêteurs des fonds de cautionnement, faite à la Caisse d'amortissement à l'époque de la prestation, tiendra lieu d'opposition, pour leur assurer l'effet du privilège du second
ordre, aux termes de l'article 1er.

Art. 5. Les notaires, avoués, greffiers et huissiers près les tribunaux,
ainsi que les commissaires-priseurs, seront tenus, avant de pouvoir réclamer leur cautionnement à la Caisse d'amortissement, de déclarer au
greffe du tribunal dans le ressort duquel ils exercent qu'ils cessent leurs
fonctions : cette déclaration sera affichée dans le lieu des séances du
tribunal pendant trois mois; après ce délai et après la levée des oppositions directement faites à la Caisse d'amortissement, s'il en était survenu, leur cautionnement leur sera remboursé par cette caisse, sur la
présentation et le dépôt d'un certificat du greffier, visé par le président
du tribunal, qui constatera que la déclaration prescrite a été affichée
dans le délai fixé; que, pendant cet intervalle, il n'a été prononcé contre
eux aucune condamnation pour fait relatif à leurs fonctions; et qu'il
n'existe au greffe du tribunal aucune opposition à la délivrance du certificat, ou que les oppositions survenues ont été levées.

Art. 6. Les agents de change et courtiers de commerce seront tenus
de remplir les formalités ci-dessus; ils feront, en outre, afficher pendant
le même délai la déclaration de la cessation de leurs fonctions à la
bourse près de laquelle ils les exercent, et ils produiront à la caisse
d'amortissement le certificat du syndic de cette bourse, relatif à l'affiche
de leur démission, joint au certificat du greffier, visé par le président du
tribunal, motivé ainsi qu'il est prescrit par l'article précédent.

Art. 7. Seront assujettis aux mêmes formalités, pour la notification
de la vacance, ceux qui seront destitués, et les héritiers de ceux qui
seront décédés dans l'exercice de leurs fonctions.

LOI DU 6 VENTÔSE AN XIII

additionnelle à celle du 25 nivôse an XIII sur les cautionnements.

Art. 1er. Les articles 1, 2 et 4 de la loi du 25 nivôse dernier, relative aux cautionnements fournis par les notaires, avoués et autres, s'appliqueront aux cautionnements des receveurs généraux et particuliers et de tous autres comptables publics ou préposés des administrations.

Art. 2. Les prêteurs des sommes employées auxdits cautionnements jouiront du privilège de second ordre, institué par l'article 1er de la loi du 25 nivôse dernier, en se conformant aux articles 2 et 4 de la même loi.

CODE CIVIL.

Art. 203. — Les époux contractent ensemble, par le fait seul du mariage, l'obligation de nourrir, entretenir et élever leurs enfants.

Art. 205. — Les enfants doivent des aliments à leurs père et mère ou autres ascendants qui sont dans le besoin. La succession de l'époux prédécédé en doit, dans le même cas, à l'époux survivant.

Le délai pour les réclamer est d'un an à partir du décès et se prolonge, en cas de partage, jusqu'à son achèvement.

La pension alimentaire est prélevée sur l'hérédité. Elle est supportée par tous les héritiers et, en cas d'insuffisance, par tous les légataires particuliers, proportionnellement à leur émolument.

Toutefois, si le défunt a expressément déclaré que tel legs sera acquitté de préférence aux autres, il sera fait application de l'article 927 du Code civil.

Art. 206. — Les gendres et belles-filles doivent également, et dans les mêmes circonstances, des aliments à leurs beau-père et belle-mère ; mais cette obligation cesse : 1° lorsque la belle-mère a convolé en secondes noces ; 2° lorsque celui des époux qui produisait l'affinité, et les enfants issus de son union avec l'autre époux, sont décédés.

Art. 207. — Les obligations résultant de ces dispositions sont réciproques.

Art. 214. — La femme est obligée d'habiter avec le mari, et de le suivre partout où il juge à propos de résider : le mari est obligé de la recevoir, et de lui fournir tout ce qui est nécessaire pour les besoins de la vie, selon ses facultés et son état.

Art. 301. — Si les époux ne s'étaient fait aucun avantage, ou si ceux stipulés ne paraissaient pas suffisants pour assurer la subsistance de l'époux qui a obtenu le divorce, le tribunal pourra lui accorder, sur les biens de l'autre époux, une pension alimentaire qui ne pourra excéder le tiers des revenus de cet autre époux. Cette pension sera révocable dans le cas où elle cesserait d'être nécessaire.

Art. 349. — L'obligation naturelle, qui continuera d'exister entre l'adopté et ses père et mère, de se fournir des aliments dans les cas déterminés par la loi, sera considérée comme commune à l'adoptant et à l'adopté, l'un envers l'autre.

Art. 2101. — Les créances privilégiées sur la généralité des meubles sont celles ci-après exprimées et s'exercent dans l'ordre suivant :

1° Les frais de justice ;

2° Les frais funéraires ;

3° Les frais quelconques de la dernière maladie, quelle qu'en ait été la terminaison concurremment entre ceux à qui ils sont dus ;

4° Les salaires des gens de service, pour l'année échue et ce qui est dû sur l'année courante ;

5° Les fournitures de subsistances faites au débiteur et à sa famille ; savoir, pendant les six derniers mois, par les marchands en détail, tels que boulangers, bouchers et autres ; et pendant la dernière année, par les maîtres de pension et marchands en gros.

DÉCRET DU 13 JUIN 1806

relatif aux réclamations concernant le service de la guerre.

Art. 3. A l'avenir, toutes réclamations relatives au service de la guerre et de l'administration de la guerre, dont les pièces n'auront pas été présentées dans les six mois qui suivront le trimestre où la dépense aura été faite, ne pourront plus être admises en liquidation.

DÉCRET DU 12 DÉCEMBRE 1806

additionnel à celui du 13 juin 1806.

Art. 1er. Tout sous-traitant, préposé ou agent d'une entreprise soumise aux dispositions de notre décret du 13 juin 1806, qui, à partir de la publication du présent, se croirait fondé à ne pas remettre les pièces justificatives de ses fournitures à l'entrepreneur principal dans les délais fixés par ce décret, pour n'avoir pas été payé de son service par le traitant, devra les déposer, dans les mêmes délais, entre les mains du commissaire ordonnateur de la division militaire, qui lui donnera en échange un bordereau certifié constatant le nombre et la nature des pièces versées, ainsi que l'époque et la qualité des fournitures dont elles justifient.

Art. 2. Les bordereaux délivrés en exécution de l'article ci-dessus par les commissaires ordonnateurs aux sous-traitants, préposés ou agents, auront pour ceux-ci, lorsqu'ils se présenteront aux tribunaux, la même valeur que les pièces dont la remise aura été faite; et lorsqu'ils les présenteront au Trésor public, ils leur tiendront lieu d'opposition, tant sur tous les fonds que le Gouvernement pourrait redevoir aux entrepreneurs pour leurs fournitures que sur le cautionnement que le ministre aurait exigé desdits entrepreneurs, sauf les droits du Gouvernement; et ce, nonobstant toute cession ou transport qui aurait été fait par les entrepreneurs. Le Trésor public recevra les oppositions des sous-traitants porteurs des bordereaux arrêtés par les ordonnateurs. Ils auront un privilège spécial sur les sommes à payer aux entrepreneurs, jusqu'à concurrence du montant de ce qui leur sera dû pour les fournitures comprises auxdits bordereaux.

Art. 3. Les sous-traitants, préposés ou agents qui ne se seront pas conformés aux dispositions des articles précédents encourront la déchéance voulue par notre décret du 13 juin; en conséquence, les pièces justificatives des fournitures qu'ils auraient faites en cette qualité ne pourront leur servir de titre à aucune réclamation contre qui que ce soit.

AVIS DU CONSEIL D'ÉTAT DU 12 AOÛT 1807

sur la libération résultant des mandats délivrés par la Caisse d'amortissement et sur les effets des oppositions relatives aux cautionnements des fonctionnaires publics.

Le Conseil d'État, qui a entendu la Section des finances sur un renvoi qui lui a été fait par Sa Majesté d'un rapport du Ministre des finances dans lequel le ministre propose les questions suivantes : 1° La Caisse d'amortissement doit-elle être considérée comme régulièrement libérée des intérêts de cautionnements payés aux titulaires, d'après ses ordonnances ou mandats, lors même qu'il surviendrait à sa connaissance des oppositions dans l'intervalle du jour de l'ordonnance à celui où le payement aura été effectué? 2° Toutes les oppositions formées à la Caisse d'amortissement seront-elles censées affecter le capital et les intérêts échus et à échoir, à moins que mention expresse ne soit faite pour les restreindre au capital seulement? 3° Les oppositions faites aux greffes des tribunaux ne pourront-elles valoir que pour les capitaux, tant qu'elles n'auront pas été notifiées à la Caisse d'amortissement?

Vu les lois des 25 nivôse et 6 ventôse an XIII, qui ont réglé les droits et privilèges des créanciers des fonctionnaires publics et des comptables sur les cautionnements en numéraire auxquels ils sont assujettis, et qui les autorisent à former sur ces cautionnements des oppositions motivées, soit directement à la Caisse d'amortissement, soit aux greffes des tribunaux dans le ressort desquels les titulaires exercent leurs fonctions ;

Est d'avis, sur la première question, que la Caisse d'amortissement est libérée du moment qu'elle a délivré ses mandats ; — Sur la seconde question, que les oppositions formées à la Caisse d'amortissement affectent le capital et les intérêts échus et à échoir, à moins que mention expresse ne soit faite pour les restreindre au capital seulement ; — Sur la troisième question, que les oppositions faites aux greffes des tribunaux ne peuvent valoir que pour les capitaux, tant qu'elles n'ont pas été notifiées à la Caisse d'amortissement.

DÉCRET DU 18 AOÛT 1807

sur les saisies-arrêts ou oppositions entre les mains des receveurs ou administrateurs des caisses ou deniers publics.

Vu l'avis de notre Conseil d'État du 12 mai 1807, approuvé par nous le 1ᵉʳ juin suivant ;

Vu le titre XX du livre III du Code de procédure civile, ensemble les lois des 19 février 1792 et 30 mai 1793 ;

Considérant que les lois du 19 février 1792 et 30 mai 1793 avaient établi les formes à suivre pour les saisies-arrêts ou oppositions signifiées au Trésor public ;

Que d'après le susdit avis de notre Conseil d'État, approuvé par nous, l'abrogation prononcée par l'article 1041 du Code de procédure civile ne s'étend point aux affaires qui intéressent le Gouvernement, pour lesquelles il a toujours été regardé comme nécessaire de se régir par des lois spéciales, soit en simplifiant la procédure, soit en produisant des formes différentes ;

Qu'ainsi les lois des 19 février 1792 et 30 mai 1793 continuent d'être les règles de la matière, à l'exception des dispositions du Code de procédure civile qui portent nominativement sur les saisies-arrêts ou oppositions signifiées aux administrations publiques, et qui se bornent aux deux articles 561 et 569 ;

Voulant, pour le bien de notre service et pour celui des parties intéressées, réunir toutes les dispositions relatives à cet objet et faciliter la connaissance des règles à observer ;

Notre Conseil d'État entendu,

Nous avons décrété et décrétons ce qui suit :

Art. 1er. Indépendamment des formalités communes à tous les exploits, tout exploit de saisie-arrêt ou opposition entre les mains des receveurs dépositaires ou administrateurs de caisses ou de deniers publics, en cette qualité, exprimera clairement les noms et qualités de la partie saisie ; il contiendra en outre la désignation de l'objet saisi.

Art. 2. L'exploit énoncera pareillement la somme pour laquelle la saisie-arrêt ou opposition est faite ; et il sera fourni, avec copie de l'exploit, auxdits receveurs, caissiers ou administrateurs, copie ou extrait en forme du titre du saisissant.

Art. 3. A défaut par le saisissant de remplir les formalités prescrites par les articles 1er et 2 ci-dessus, la saisie-arrêt ou opposition sera regardée comme non avenue.

Art. 4. La saisie-arrêt ou opposition n'aura d'effet que jusqu'à concurrence de la somme portée en l'exploit.

Art. 5. La saisie-arrêt ou opposition formée entre les mains des receveurs, dépositaires ou administrateurs de caisses ou de deniers publics, en cette qualité, ne sera point valable si l'exploit n'est fait à la personne préposée pour le recevoir, et s'il n'est visé par elle sur l'original, ou, en cas de refus, par le procureur impérial près le tribunal de première instance de leur résidence, lequel en donnera de suite avis aux chefs des administrations respectives.

Art. 6. Les receveurs, dépositaires ou administrateurs seront tenus de délivrer, sur la demande du saisissant, un certificat qui tiendra lieu, en ce qui les concerne, de tous autres actes et formalités prescrits à l'égard des tiers saisis par le titre XX du livre III du Code de procédure civile.

S'il n'est rien dû au saisi, le certificat l'énoncera.

Si la somme due au saisi est liquide, le certificat en déclarera le montant.

Si elle n'est pas liquide, le certificat l'exprimera.

Art. 7. Dans le cas où il serait survenu des saisies-arrêts ou oppositions sur la même partie et pour le même objet, les receveurs, dépositaires ou administrateurs seront tenus, dans les certificats qui leur seront demandés, de faire mention desdites saisies-arrêts ou oppositions, et de désigner les noms et élection de domicile des saisissants et les causes desdites saisies-arrêts ou oppositions.

Art. 8. S'il survient de nouvelles saisies-arrêts ou oppositions depuis la délivrance d'un certificat, les receveurs, dépositaires ou administrateurs seront tenus, sur la demande qui leur en sera faite, d'en fournir un extrait contenant pareillement les noms et élection du domicile des saisissants et les causes desdites saisies-arrêts ou oppositions.

Art. 9. Tout receveur, dépositaire ou administrateur de caisse ou de deniers publics, entre les mains duquel il existera une saisie-arrêt ou opposition sur une partie prenante, ne pourra vider ses mains sans le consentement des parties intéressées ou sans y être autorisé par justice.

Art. 10. Notre Grand-juge, Ministre de la justice, et nos Ministres des finances et du Trésor public sont chargés, chacun en ce qui le concerne de l'exécution du présent décret.

LOI DU 12 NOVEMBRE 1808

relative au privilège du Trésor public pour le recouvrement
des contributions directes.

Art. 1er. Le privilège du Trésor public, pour le recouvrement des contributions directes, est réglé ainsi qu'il suit, et s'exerce avant tout autre: 1° pour la contribution foncière de l'année échue et de l'année courante, sur les récoltes, fruits, loyers et revenus des biens immeubles sujets à la contribution; 2° pour l'année échue et l'année courante des contributions mobilières, des portes et fenêtres, des patentes et toute autre contribution directe et personnelle, sur tous les meubles et autres effets mobiliers appartenant aux redevables, en quelque lieu qu'ils se trouvent.

ART. 2. Tous fermiers, locataires, receveurs, économes, notaires, commissaires priseurs et autres dépositaires, et débiteurs de deniers provenant du chef des redevables et affectés au privilège du Trésor public, seront tenus, sur la demande qui leur en sera faite, de payer, en l'acquit des redevables et sur le montant des fonds qu'ils doivent, ou qui sont en leurs mains, jusqu'à concurrence de tout ou partie des contributions dues par ces derniers. Les quittances des percepteurs pour les sommes légitimement dues leur seront allouées en compte.

AVIS DU CONSEIL D'ÉTAT,

APPROUVÉ PAR DÉCRET DU 25 NOVEMBRE 1810,

déclarant que les traitements des agents diplomatiques sont insaisissables.

Le Conseil d'État, qui, en exécution du renvoi ordonné par Sa Majesté, a entendu le rapport de la section de législation sur celui du ministre des relations extérieures ayant pour objet de faire examiner par le Conseil si les traitements des agents diplomatiques peuvent être saisis, même en partie;

Considérant que les sommes que reçoivent les agents diplomatiques employés à l'extérieur sont, à proprement parler, moins un traitement qu'une indemnité pour subvenir aux frais indispensables de représentation qu'exige le rang qu'ils occupent,

Est d'avis que ces sommes sont insaisissables.

LOI DU 28 AVRIL 1816

sur les finances.

ART. 76. Le recouvrement des droits de timbre et des amendes de contravention y relatives sera poursuivi par voie de contrainte; et, en cas d'opposition, les instances seront instruites et jugées selon les formes prescrites par les lois des 22 frimaire an VII et 27 ventôse an IX, sur l'enregistrement. En cas de décès des contrevenants, lesdits droits et amendes seront dus par leurs successeurs, et jouiront, soit dans les successions, soit dans les faillites et tous autres cas, du privilège des contributions directes.

ORDONNANCE DU 25 SEPTEMBRE 1816

relative aux cautionnements des préposés de l'Administration des contributions indirectes.

Vu les lois des 25 nivôse et 6 ventôse an XIII, 15 septembre 1807, l'article 4 de l'arrêté du Gouvernement du 5 germinal an XII, les décrets des 22 frimaire et 28 floréal an XIII, 8 avril 1807, 28 août 1808, 29 août 1813, le titre IX de la loi du 28 avril 1816;

Sur le rapport de notre Ministre Secrétaire d'État des finances;

Nous avons ordonné et ordonnons ce qui suit:

ART. 1er. Les cautionnements des préposés de l'Administration des contributions indirectes seront affectés à la garantie de la gestion des titulaires, quel que soit le lieu où ils exerceront ou auront exercé leurs fonctions; en conséquence, à dater de ce jour, les cautionnements qu'ils verseront au Trésor sont inscrits sans résidence, d'après le mode déjà établi à l'égard de ceux des receveurs ambulants par le décret du 28 août 1808; et il ne pourra être formé d'oppositions sur ces cautionnements aux greffes des tribunaux de 1re instance, mais seulement au Trésor royal, à l'administration des cautionnements.

ART. 2. Sont exceptés de cette disposition les cautionnements des employés dénommés ci-après, lesquels continueront de recevoir une application à résidence fixe, savoir : les régisseurs des manufactures de tabacs, les garde-magasins généraux de manufactures et de feuilles, les contrôleurs en chef et ordinaires de fabrication et de comptabilité, les contrôleurs en chef, garde-magasins et contrôleurs particuliers de magasins de feuilles, les contrôleurs de culture; les débitants de tabacs.

ART. 3. Pour que les cautionnements déjà versés et inscrits à résidence au Trésor puissent suivre à l'avenir les préposés, et servir de garantie de leur gestion dans le cas où ils viendraient à être nommés à de nouveaux emplois, ces préposés devront adresser à l'administrateur chargé du service des cautionnements au Trésor : 1° le certificat d'inscription qu'ils ont reçu; 2° le certificat de non-opposition du greffier du tribunal de

1re instance de l'arrondissement porté sur l'inscription; 3° le consentement du bailleur de fonds (s'il y en a un). Ce consentement devra être conforme au modèle annexé à la présente ordonnance, et ne sera passible que du droit fixe de deux francs.

Art. 4. Les cautionnements ne devenant disponibles pour une seconde gestion qu'autant que la première est reconnue régulière, aucun préposé ne devra être installé dans de nouvelles fonctions qu'après qu'il aura rendu un compte de clerc à maître de son ancienne gestion, et que ce compte aura été admis par l'Administration des contributions indirectes, qui en déclarera la régularité.

AVIS DU COMITÉ DES FINANCES DU CONSEIL D'ÉTAT

DU 28 SEPTEMBRE 1824

relatif aux oppositions sur les cautionnements.

Le Comité des finances, sur le renvoi qui lui a été fait par le Ministre Secrétaire d'État au même département de plusieurs affaires relatives aux oppositions mises sur les cautionnements, et à l'effet de ces oppositions contre les prêteurs nantis du privilège de second ordre.

Est d'avis qu'il n'y a pas lieu de refuser d'admettre les oppositions formées sur les titulaires de cautionnements, quoique le certificat de privilège de second ordre prouve qu'ils n'en sont pas propriétaires; qu'il n'y a pas lieu de payer aux bailleurs de fonds les intérêts et le capital des cautionnements, quand de telles oppositions existent au Trésor.

ORDONNANCE DU 23 NOVEMBRE 1825

concernant le mode d'inscription des cautionnements des préposés du service des tabacs.

Vu le titre ix de la loi du 28 avril 1816, portant règlement des cautionnements des officiers publics et des comptables du Trésor; vu l'ordonnance du 25 septembre 1816, relative au mode d'inscription des cautionnements des préposés de l'Administration des contributions indirectes; sur le rapport de notre Ministre Secrétaire d'État des finances, nous avons ordonné et ordonnons ce qui suit:

Art. 1er. A partir de la date de la présente ordonnance, les cautionnements qui seront versés, en exécution de la loi du 28 avril 1816, par les préposés de l'Administration des contributions indirectes ci-après désignés, savoir : les régisseurs des manufactures, les inspecteurs de fabrication, les contrôleurs et garde-magasins des manufactures et magasins de feuilles, les contrôleurs de culture et autres préposés au service des tabacs, seront inscrits sans distinction de résidence et serviront à garantir toutes les gestions qui leur ont été ou qui leur seront confiées. Sont exceptés de cette disposition les cautionnements des débitants de tabacs, lesquels continueront de recevoir une application à résidence fixe.

Art. 2. Toutes les dispositions de l'ordonnance du 25 septembre 1816, et notamment celles de l'article 3, sont applicables aux préposés désignés dans l'article 1er.

LOI DU 11 AVRIL 1831

sur les pensions de l'armée de terre.

Art. 28. Les pensions militaires et leurs arrérages sont incessibles et insaisissables, excepté dans le cas de débet envers l'État ou dans les circonstances prévues par les articles 203 et 205 du code civil.

Dans ces deux cas, les pensions militaires sont passibles de retenues qui ne peuvent excéder le cinquième de leur montant pour cause de débet et le tiers pour aliments.

LOI DU 18 AVRIL 1831

sur les pensions de l'armée de mer.

Art. 30. Les pensions de retraite et leurs arrérages sont incessibles et insaisissables, excepté dans le cas de débet envers l'État ou dans les circonstances prévues par les articles 203 et 205 du code civil.

Dans ces deux cas, les pensions de retraite sont passibles de retenues, qui ne peuvent excéder le cinquième de leur montant pour cause de débet et le tiers pour aliments.

LOI DU 19 MAI 1834

sur l'état des officiers.

Art. 9. La réforme est la situation de l'officier sans emploi qui, n'étant plus susceptible d'être rappelé à l'activité, n'a pas de droits acquis à la pension de retraite.

ART. 20. Les pensions de réforme accordées après vingt ans de service seront inscrites au livre des pensions du Trésor public. Elles seront, comme les pensions de retraite, incessibles et insaisissables, excepté dans les cas de débet envers l'État ou dans les circonstances prévues par les articles 203, 205 et 214 du code civil.

Dans ces deux cas, les pensions de réforme sont passibles de retenues qui ne peuvent excéder le cinquième pour cause de débet et le tiers pour aliments.

LOI DU 9 JUILLET 1836

portant règlement définitif du budget de l'exercice 1833.

ART. 13. Toutes saisies-arrêts ou oppositions sur des sommes dues par l'État, toutes significations de cession ou transport desdites sommes, et toutes autres ayant pour objet d'en arrêter le payement, devront être faites entre les mains des payeurs, agents ou préposés sur les caisses, desquels les ordonnances ou mandats seront délivrés.

Néanmoins à Paris, et pour tous les payements à effectuer à la caisse du payeur central, au Trésor public, elles devront être exclusivement faites entre les mains du conservateur des oppositions au ministère des finances; toutes dispositions contraires sont abrogées.

Seront considérées comme nulles et non avenues toutes oppositions ou significations faites à toutes autres personnes que celles ci-dessus indiquées.

Il n'est pas dérogé aux lois relatives aux oppositions à faire sur les capitaux et intérêts des cautionnements.

ART. 14. Lesdites saisies-arrêts, oppositions et significations n'auront d'effet que pendant cinq années à compter de leur date, si elles n'ont pas été renouvelées dans ledit délai, quels que soient d'ailleurs les actes, traités ou jugements intervenus sur lesdites oppositions et significations.

En conséquence, elles seront rayées d'office des registres dans lesquels elles auraient été inscrites et ne seront pas comprises dans les certificats prescrits par l'article 14 de la loi du 19 février 1792 et par les articles 7 et 8 du décret du 18 août 1807.

ART. 15. Les saisies-arrêts, oppositions et significations de cession ou transport et toutes autres faites jusqu'à ce jour, ayant pour but d'arrêter le payement des sommes dues par l'État, devront être renouvelées dans le délai d'un an, à partir de la publication de la présente loi, et conformément aux dispositions ci-dessus prescrites, faute de quoi elles resteront sans effet et seront rayées des registres dans lesquels elles auront été inscrites.

ART. 16. Le montant des cautionnements, dont le remboursement n'aura pas été effectué par le Trésor public, faute de productions ou de justifications suffisantes, dans le délai d'un an à compter de la cessation des fonctions du titulaire, ou de la réception des fournitures et travaux, pourra être versé en capital et intérêts, à la Caisse des dépôts et consignations, à la conservation des droits de qui il appartiendra.

Ce versement libérera définitivement le Trésor public.

LOI DU 8 JUILLET 1837
portant règlement du budget de l'exercice 1834.

ART. 10. Le paragraphe 2 de l'article 9 de la loi du 29 janvier 1831 est rapporté.

ART. 11. Les dispositions des articles 14 et 15 de la loi du 9 juillet 1836 sont déclarées applicables aux saisies-arrêts, oppositions et autres actes ayant pour objet d'arrêter le payement des sommes versées, à quelque titre que ce soit, à la Caisse des consignations et à celle de ses préposés.

Toutefois, le délai de cinq ans mentionné à l'article 14 ne courra, pour les oppositions et significations faites ailleurs qu'à la Caisse ou à celle de ses préposés, que du jour du dépôt des sommes grevées desdites oppositions et significations.

Les dispositions du décret du 18 août 1807 sur les saisies-arrêts ou oppositions sont également déclarées applicables à la Caisse des dépôts et consignations.

ORDONNANCE DU 16 SEPTEMBRE 1837
qui détermine les cas et les formes dans lesquels les payeurs, agents ou préposés chargés d'effectuer des payements à la décharge de l'État peuvent se libérer en versant à la Caisse des dépôts et consignations les sommes saisies et arrêtées entre leurs mains.

Vu les articles 110 et 111 de la loi du 28 avril 1816, portant création de la Caisse des dépôts et consignations et l'ordonnance royale du 3 juillet 1816, relative à l'organisation de ladite caisse;

6.

Les diverses lois et ordonnances relatives aux oppositions et saisies-arrêts faites sur les sommes dues par l'État, et notamment les articles 13, 14 et 15 de la loi du 9 juillet 1836, portant règlement définitif du budget de l'exercice 1833 ;

Et les articles 10 et 11 de la loi du 8 juillet 1837, portant règlement définitif du budget de l'exercice 1834 ;

Voulant déterminer d'une manière uniforme les cas dans lesquels les payeurs, agents ou préposés chargés d'effectuer des payements à la décharge de l'État peuvent se libérer en versant à la Caisse des dépôts et consignations les sommes saisies et arrêtées entre leurs mains, et les formalités qu'ont à remplir lesdits payeurs et les créanciers saisissants ;

Sur le rapport de notre Ministre Secrétaire d'État des finances,

Nous avons ordonné et ordonnons ce qui suit :

Art. 1er. Les payeurs, agents ou préposés chargés d'effectuer des payements à la décharge de l'État, continueront à verser d'office à la Caisse des consignations la portion saisissable des appointements ou traitements civils et militaires arrêtée entre leurs mains par des saisies-arrêts ou oppositions.

A l'égard de toutes les autres sommes ordonnancées ou mandatées sur la caisse desdits payeurs, agents ou préposés, et qui se trouveraient frappées de saisies-arrêts ou oppositions entre leurs mains, le dépôt ne pourra en être effectué à la Caisse des dépôts et consignations qu'autant qu'il aura été autorisé par la loi, par justice ou par acte passé entre l'Administration et ses créanciers.

Art. 2. Les dépôts effectués en exécution des dispositions ci-dessus devront toujours être accompagnés d'un extrait certifié des oppositions et significations existantes, et contenant les noms, qualités et demeures du saisissant et du saisi, l'indication du domicile élu par le saisissant, le nom et la demeure de l'huissier, la date de l'exploit et le titre en vertu duquel la saisie a été faite, la désignation de l'objet saisi et la somme pour laquelle la saisie a été formée.

Art. 3. Lesdites oppositions et significations passant à la Caisse des dépôts et consignations avec les sommes saisies, le renouvellement prescrit par les articles 14 et 15 de la loi du 9 juillet 1836 et par l'article 11 de la loi du 8 juillet 1837 devra être fait entre les mains du préposé de la Caisse chargé de recevoir et viser les oppositions et significations.

Ce renouvellement devra être également fait entre les mains des payeurs, agents ou préposés du Trésor public, lorsque lesdites oppositions et significations continueront à subsister entre leurs mains, à raison des payements à effectuer ultérieurement pour le compte de l'État.

Art. 4. A défaut du renouvellement des oppositions et significations dans les délais prescrits par les articles précités, lesdites oppositions et significations seront rayées d'office des registres des payeurs, agents ou préposés du Trésor public et de la Caisse des dépôts et consignations.

Art. 5. Notre Ministre Secrétaire d'État des finances est chargé de l'exécution de la présente ordonnance.

ARRÊTÉ DU 24 OCTOBRE 1837

pour l'exécution de l'ordonnance du 16 septembre 1837.

Le Ministre Secrétaire d'État des finances,

Vu l'ordonnance royale du 16 septembre 1837, qui détermine les cas et les formes dans lesquels les payeurs, agents et préposés chargés d'effectuer des payements à la décharge de l'État peuvent se libérer en versant à la Caisse des dépôts et consignations les sommes saisies et arrêtées entre leurs mains;

Vu les diverses lois et ordonnances relatives aux oppositions faites sur les sommes dues par l'État, notamment les articles 13, 14 et 15 de la loi du 9 juillet 1836, portant règlement définitif du budget de l'exercice 1833, et les articles 10 et 11 de la loi du 8 juillet 1837, portant règlement définitif du budget de l'exercice 1834;

Considérant que l'article 10 de la loi du 8 juillet 1837 a abrogé le paragraphe 2 de l'article 9 de la loi du 29 janvier 1831, qui prescrivait le versement en fin d'exercice, à la Caisse des dépôts, de toutes les sommes dues par l'État et grevées d'oppositions, et qu'aux termes de l'ordonnance royale du 16 septembre 1837 il ne peut plus être effectué de versements que dans les cas y indiqués;

Considérant qu'il importe que les règles sur les oppositions et saisies-arrêts faites entre les mains des payeurs, agents ou préposés et autres comptables, soient strictement observées,

Arrête :

Art. 1er. La partie saisissable des appointements ou traitements civils et militaires et des sommes qui en tiennent lieu, saisie entre les mains des payeurs, agents et autres comptables chargés d'en effectuer le payement à la décharge de l'État, sera versée d'office et chaque mois à la

Caisse des dépôts et consignations par lesdits payeurs, agents et autres comptables.

Aucun autre dépôt des sommes ordonnancées ou mandatées sur leur caisse et grevées d'oppositions ne pourra être effectué que dans les cas suivants :

1° Lorsque le dépôt a été autorisé par une loi;

2° Lorsqu'il a été prescrit par un jugement ou une ordonnance du président du tribunal;

3° Lorsqu'il a été autorisé par acte passé entre l'Administration et ses créanciers.

Art. 2. Le dépôt, dans tous les cas, devra être accompagné d'un extrait certifié de chacune des oppositions et significations existantes et frappant les sommes déposées.

Cet extrait contiendra les noms, prénoms, qualités et demeures du saisissant et du saisi, l'indication du domicile élu par le saisissant, le nom et la demeure de l'huissier, la date de l'exploit et le titre en vertu duquel la saisie a été faite, la désignation de l'objet saisi et la somme pour laquelle la saisie a été formée.

Art. 3. Le récépissé qui sera délivré par la Caisse des dépôts ou par ses préposés devra toujours être accompagné d'un reçu particulier constatant la remise des extraits d'oppositions et significations jointes au dépôt.

Pour les versements faits à Paris, le reçu des pièces sera remis au conservateur des oppositions au Ministère des finances.

Art. 4. Le conservateur des oppositions au Ministère des finances et tous les payeurs et autres comptables ou agents du Trésor ou des administrations de finances devront, dans le plus bref délai, remettre à la Caisse des dépôts, sur son reçu, un extrait, dans la forme établie par l'article 2, des oppositions et significations faites entre leurs mains ou celles de leurs prédécesseurs, et frappant sur des sommes qui auraient été déjà déposées, lorsque d'ailleurs le dépôt n'aura pas été accompagné dudit extrait.

Art. 5. Le conservateur des oppositions au Ministère des finances et tous les payeurs et autres comptables du Trésor et des administrations des finances ouvriront des registres sur lesquels ils porteront, par ordre de date et de numéro, toutes les saisies-arrêts, oppositions, significations de cession ou transport et tous autres actes, ayant pour objet d'arrêter le payement des sommes dues par l'État, qui auraient été ou seraient faits entre leurs mains depuis la publication de la loi du 9 juillet 1836, ou qui, ayant été faits antérieurement à ladite loi, auraient été renouvelés dans l'année de sa publication, conformément à l'article 15 de la loi précitée.

ART. 6. Au fur et à mesure que lesdites oppositions et significations acquerront cinq années de date sans avoir été renouvelées, elles seront rayées du registre, conformément aux articles 14 de ladite loi du 9 juillet 1836 et 4 de l'ordonnance royale du 16 septembre 1837, et ne seront pas comprises dans les états qui seront délivrés conformément à l'article 8 ci-après.

ART. 7. Toutes les oppositions et significations qui auraient été faites antérieurement à la publication de la loi du 9 juillet et qui n'auraient pas été renouvelées dans l'année de la publication, conformément à l'article 15 de ladite loi, et après que les formalités prescrites par l'article 4 ci-dessus auront été remplies, seront rayées des registres dans lesquels elles auront été inscrites et les comptables et autres agents qui les auront reçues en seront déchargés.

À l'égard des oppositions et significations qui auraient été renouvelées dans l'année, ou qui auraient été formées depuis la publication de la loi précitée, ou qui le seraient à l'avenir, bien que des extraits en aient été remis à la Caisse des consignations à l'appui des dépôts effectués, elles n'en resteront pas moins sur le registre prescrit par l'article 5, et n'en seront rayées que dans le cas et dans le délai portés en l'article 6, lesdites oppositions devant assurer les droits des créanciers sur les sommes qui pourraient être ultérieurement ordonnancées au profit de leurs débiteurs.

ART. 8. Le conservateur des oppositions et tous les payeurs et autres comptables entre les mains desquels il aura été fait des oppositions ou significations ayant pour objet d'arrêter le payement des sommes dues par l'État devront, lorsqu'ils en seront requis par la partie saisie, par l'un des créanciers opposants, leurs représentants ou ayants cause, délivrer extrait ou état desdites oppositions ou significations, à la charge par la partie de fournir le papier timbré nécessaire.

Sont toutefois dispensés du timbre les extraits ou états délivrés sur la demande et dans l'intérêt de l'Administration.

ART. 9. Toute opposition et signification devra rester déposée pendant vingt-quatre heures au bureau ou à la caisse où elle sera faite, et devra être visée sur l'original par le conservateur ou par le comptable.

Aʀᴛ. 10. Lesdites oppositions et significations devront contenir les noms, qualités et demeures du saisissant et du saisi, la somme *pour laquelle la saisie est faite et la désignation de la créance saisie.*

Elles devront en outre contenir copie ou extrait du titre du saisissant ou de l'ordonnance du juge qui a autorisé la saisie; faute de quoi, elles ne seront ni visées ni reçues et resteront sans effet.

Dans ce cas, le conservateur ou comptable mentionnera et motivera son refus en marge de l'original.

L'opposition n'ayant d'effet que pour la somme pour laquelle elle est formée, les payeurs et comptables devront payer au créancier tout le surplus de la somme ordonnancée et non saisie.

Aʀᴛ. 11. L'Administration ne pouvant, en aucun cas, être appelée en déclaration affirmative, les payeurs et autres comptables ou agents de l'Administration délivreront, lorsqu'ils en seront requis par le saisissant ou autre créancier opposant, un certificat constatant les sommes ordonnancées sur leur caisse et restées dues à la partie saisie.

Aʀᴛ. 12. Toutes dispositions contraires aux présentes sont et demeurent abrogées.

LOI DU 9 JUIN 1853

sur les pensions civiles.

Aʀᴛ. 26. Les pensions sont incessibles. Aucune saisie ou retenue ne peut être opérée, du vivant du pensionnaire, que jusqu'à concurrence d'un cinquième pour débet envers l'État ou pour des créances privilégiées, aux termes de l'article 2101 du code Napoléon, et d'un tiers dans les circonstances prévues par les articles 203, 205, 206, 207 et 214 du même code.

DÉCRET DU 7 NOVEMBRE 1866

sur la solde de la marine.

Aʀᴛ. 58. Les salaires et les parts de prises des marins sont incessibles et insaisissables, excepté dans les cas de débet envers l'État ou pour aliments, dans les circonstances prévues par les articles 203, 205 et 214 du code Napoléon, ou enfin pour dettes contractées par eux ou par leur famille à titre de loyer, habillement ou nourriture, mais sous le contrôle du commissaire de l'inscription maritime, qui doit en avoir préalablement fait apostille sur les matricules et sur les rôles d'équipages.

Toutefois, les apostilles mentionnées au paragraphe précédent sont toujours subordonnées, quant à leur effet, à la non recommandation pour désertion du marin débiteur. En cas de désertion, les sommes acquises doivent, après précompte de celles dues au Trésor à quelque titre que ce soit, être attribuées à la caisse des invalides de la marine, pour les officiers-mariniers et marins au service de l'État, et être partagées par moitié entre l'armateur et l'établissement des invalides pour les marins employés au commerce.

DÉCRET DU 4 SEPTEMBRE 1874

sur les cautionnements des comptables de la guerre.

Le Président de la République,

Vu les lois des 25 nivôse et 6 ventôse an XIII;

Vu le règlement du 15 novembre 1822 sur les cautionnements auxquels sont assujettis les comptables et les entrepreneurs du département de la guerre;

Vu les ordonnances royales des 25 septembre 1816 et 25 juin 1835;

Vu le décret du 12 mars 1862,

Décrète :

Art. 1er. A l'avenir, les cautionnements réalisés par les comptables du département de la guerre, soit en numéraire, soit en rentes sur l'État, soit en immeubles, seront affectés à la garantie de la gestion des titulaires, quel que soit le lieu où ils exerceront ou auront exercé leurs fonctions : en conséquence, à dater de ce jour, les cautionnements auxquels ces comptables sont assujettis seront reçus sans indication de résidence, et il ne pourra être formé opposition sur ces cautionnements qu'entre les mains du conservateur des oppositions, à Paris.

Art. 2. Pour que les cautionnements déjà réalisés puissent suivre à l'avenir les comptables et servir de garantie pour toutes les gestions qui pourraient leur être confiées, les titulaires devront, dans les délais fixés par leur lettre de service, produire au ministre les justifications suivantes :

I. — S'il s'agit de numéraire :

1° Leur certificat d'inscription;

2° Un certificat de non-opposition délivré par le greffier du tribunal civil de première instance de l'arrondissement dans lequel ils auront exercé leurs fonctions;

3° Et le consentement du bailleur de fonds, s'il y en a un.

II. — Si le cautionnement a été réalisé en rentes ou en immeubles :

Le consentement du propriétaire des inscriptions ou de l'immeuble.

Ce consentement, ainsi que celui du bailleur de fonds, devra être conforme au modèle annexé au présent décret.

Art. 3. Lorsqu'un comptable sera désigné pour une nouvelle gestion, il devra justifier de la réalisation de son dernier cautionnement; et si le nouveau est supérieur à l'ancien, il sera tenu de fournir le supplément de garantie dans les délais fixés par sa lettre de service. Si ce cautionnement est inférieur à l'ancien, la portion disponible pourra être restituée à qui de droit, après l'apurement définitif des comptes des gestions antérieures.

Art. 4. Toute interruption dans les fonctions d'un gestionnaire, soit pour cause de mise en sous-ordre, soit par suite de mise en non-activité, sera considérée comme une cessation de fonctions et donnera aux comptables le droit de réclamer le cautionnement dont ils sont propriétaires, et aux bailleurs de fonds celui de ne plus continuer à cautionner le comptable pour les nouvelles gestions auxquelles il pourrait être appelé ultérieurement.

Ce droit ne sortira son effet qu'autant qu'il aura été revendiqué par les cautions avant que le cautionné ait été appelé à une nouvelle gestion.

Art. 5. Les comptables, dans le cours de leurs fonctions, pourront être admis à présenter de nouveaux cautionnements de même nature pour remplacer les anciens.

Toutefois, ce remplacement ne pourra être opéré, pour les cautionnements versés en numéraire par des bailleurs de fonds, que par voie de subrogation dans l'effet du privilège.

Art. 6. Toutes les demandes ayant pour objet la réalisation, substitution ou la mainlevée des cautionnements seront adressées au ministre de la guerre.

Art. 7. Le Ministre de la guerre et le Ministre des finances sont chargés, chacun en ce qui le concerne, de l'exécution du présent décret, qui sera inséré au *Bulletin des lois*.

DÉCRET DU 13 DÉCEMBRE 1877

relatif aux oppositions et significations d'actes concernant les cautionnements des chanceliers diplomatiques et consulaires et vice-consuls.

LE PRÉSIDENT DE LA RÉPUBLIQUE,

Vu l'article 6 du décret du 16 janvier 1877, qui assujettit à un cautionnement les chanceliers des postes diplomatiques et consulaires et les vice-consuls rétribués, lorsque la moyenne des recettes effectuées pendant les cinq dernières années dépasse mille francs;

Vu l'article 2 de la loi du 25 nivôse an XIII et l'article 1er de la loi du 6 ventôse de la même année, desquels il résulte que les oppositions sur les cautionnements des officiers ministériels et des comptables publics peuvent être formées non seulement au Trésor public, mais aussi aux greffes des tribunaux dans le ressort desquels les titulaires exercent leurs fonctions;

Considérant que cette disposition ne peut s'appliquer aux cautionnements des chanceliers et des vice-consuls, à raison de la résidence de ces agents en pays étranger.

Sur la proposition des Ministres des affaires étrangères et des finances,

DÉCRÈTE :

ARTICLE UNIQUE. Les oppositions et significations d'actes de toute nature concernant les cautionnements des chanceliers diplomatiques et consulaires et des vice-consuls seront exclusivement formées entre les mains du conservateur des oppositions au Ministère des finances.

Fait à Versailles, le 13 décembre 1877.

DÉCRET DU 1ᴇʀ AVRIL 1879

relatif aux cautionnements à fournir par les préposés des chemins de fer de l'État.

LE PRÉSIDENT DE LA RÉPUBLIQUE,

Vu les lois des 25 nivôse et 6 ventôse an XIII;

Vu les ordonnances des 25 septembre 1816, 22 mai 1825 et 25 juin 1835;

Vu le décret du 12 mars 1862;

Vu le décret du 25 mai 1878, relatif à l'organisation financière des chemins de fer de l'État:

Décrète :

Art. 1er. Les cautionnements des préposés des chemins de fer de l'État, soit en numéraire, soit en rentes sur l'État, seront affectés à la garantie de la gestion des titulaires, quel que soit le lieu où ils exerceront leurs fonctions. En conséquence, les cautionnements auxquels ces comptables seront assujettis seront inscrits sans indication de résidence, et il ne pourra être formé d'opposition sur ces cautionnements qu'entre les mains du conservateur des oppositions, à Paris.

Art. 2. Pour que les cautionnements déjà réalisés puissent suivre à l'avenir les comptables et servir de garantie pour toutes les gestions qui pourraient leur être confiées, les titulaires devront produire à l'Administration des chemins de fer de l'État les justifications suivantes :

I. — S'il s'agit de numéraire :

1° Leur certificat d'inscription;

2° Un certificat de non-opposition délivré par le greffier du tribunal civil de l'arrondissement dans lequel ils exercent leurs fonctions;

3° Le consentement du bailleur de fonds, s'il y en a un.

II. — Si le cautionnement a été réalisé en rentes :

Le consentement du propriétaire de l'inscription, s'il n'a déjà été donné dans l'acte d'affectation passé avec l'agent judiciaire du Trésor.

Ce consentement, ainsi que celui du bailleur de fonds, devra être conforme au modèle annexé au présent décret.

Art. 3. Lorsqu'un comptable sera désigné pour une autre gestion, il ne pourra entrer en exercice qu'après avoir justifié de la réalisation de son ancien cautionnement, et si le nouveau est supérieur à l'ancien, il devra fournir le supplément dans les délais fixés par sa lettre de service. Si le cautionnement afférent à la nouvelle gestion est inférieur à l'ancien, la portion disponible sera remboursée à qui de droit après apurement des comptes.

Art. 4. Toute interruption dans les fonctions d'un gestionnaire, soit pour cause de mise en sous-ordre, soit pour cause de mise en disponibilité, sera considérée comme une cessation de fonctions, et donnera aux comptables le droit de réclamer le cautionnement dont ils sont propriétaires, et aux bailleurs de fonds le droit de ne plus continuer à cautionner le comptable pour les nouvelles gestions auxquelles il pourrait être ultérieurement appelé.

Ce droit ne sortira son effet qu'autant qu'il aura été revendiqué par les cautions avant que le comptable cautionné ait été appelé à une nouvelle gestion.

Art. 5. Les préposés des chemins de fer de l'État pourront, après la cessation de leurs fonctions, obtenir la restitution intégrale de leurs cautionnements en produisant, à l'appui de la demande, le certificat de quitus du conseil d'administration des chemins de fer de l'État. Ce certificat devra être délivré dans les quatre mois qui suivront la cessation des services du titulaire.

Art. 6. Le Ministre des finances et le Ministre des travaux publics sont chargés, chacun en ce qui le concerne, de l'exécution du présent décret.

INSTRUCTION DU 1ᵉʳ DÉCEMBRE 1881

sur le service de la comptabilité
de l'Agent comptable de la Grande Chancellerie de la Légion d'honneur.

Art. 38. Les oppositions ou significations qui viendraient à être faites à l'égard d'un mandat sur lequel l'agent comptable aurait apposé son visa ne devraient pas être reçues. L'agent comptable se borne à en prendre note officieusement et à en informer immédiatement l'agent du Trésor sur la caisse duquel le mandat est assigné, afin d'en arrêter le payement, s'il en est encore temps.

Les agents du Trésor n'ont pas qualité pour recevoir ces oppositions et significations. Toutefois, si, avant la présentation à leur caisse d'un mandat visé par l'agent comptable, ils venaient à avoir connaissance d'un fait ou d'une circonstance de nature à en arrêter le payement, ils devraient en informer d'*urgence* l'agent comptable, et ils ne payeraient que sur un nouvel avis de la Grande Chancellerie.

Art. 39. Les retenues dont sont passibles les traitements de la Légion d'honneur et de la Médaille militaire, pour pensions alimentaires ou pour débet envers l'État, la Légion d'honneur et les corps de troupe dont les légionnaires faisaient partie (art. 102), sont exercées par les agents du Trésor qui acquittent lesdits traitements.

Ces derniers sont informés par l'agent comptable du montant et des conditions des retenues à exercer.

ART. 102. Ces traitements sont incessibles et insaisissables, sauf le cas de provisions alimentaires ou de débet envers l'État, la Légion d'honneur ou les corps de troupe dont faisaient partie les titulaires (art. 39). Ils peuvent se cumuler avec toute allocation ou pension sur les fonds de l'État ou des communes.

ART. 106. Les payements sont effectués par les agents du Trésor, sans le visa préalable de l'agent comptable de la Légion d'honneur, et conséquemment *sous leur propre responsabilité.*

Ces payements ont lieu sous réserve des retenues pour pensions alimentaires ou pour débet (art. 39), dans la limite des crédits qui leur sont ouverts par la Grande Chancellerie, au moyen des états quinquennaux d'arrérages, dits *états permanents,* et des états semestriels d'adjonction, déduction faite des états semestriels d'annulation.

DÉCRET DU 20 NOVEMBRE 1882

sur le régime financier des colonies.

ART. 79. Toutes saisies-arrêts ou oppositions sur des sommes dues par une colonie, toutes significations de cession ou de transport desdites sommes et toutes autres ayant pour objet d'en arrêter le payement, doivent être faites entre les mains du trésorier-payeur de cette colonie.

Néanmoins, et pour les dépenses à effectuer hors des colonies, selon les dispositions des articles 85 et suivants, elles sont faites entre les mains des comptables qui doivent les acquitter.

Sont considérées comme nulles et non avenues toutes oppositions ou significations faites à toutes autres personnes que celles ci-dessus indiquées.

ART. 87. Les dépenses à faire hors d'une colonie, pour le service local de cette colonie, sont autorisées, lorsqu'elles doivent être acquittées en France, par le Ministre de la marine et des colonies ou par ses ordonnateurs secondaires; et lorsqu'elles doivent avoir lieu dans les colonies, par les directeurs de l'intérieur.

Ces dépenses sont effectuées, en dehors des crédits, en vertu d'ordres de payement; elles sont acquittées, savoir :

A Paris, par le caissier-payeur central du Trésor public;

Dans les départements, par les trésoriers-payeurs généraux;

En Algérie et dans les colonies, par les trésoriers-payeurs.

LOI DU 19 JUILLET 1884

qui crée six écoles militaires préparatoires.

Art. 5. — A l'âge minimum fixé par la loi sur le recrutement de l'armée pour l'admission des engagés volontaires, les élèves des écoles préparatoires reconnus aptes au service militaire sont appelés à contracter un engagement, dont le terme est déterminé par la date de l'expiration légale du service dans l'armée active de la classe à laquelle ils doivent appartenir par leur âge.

L'élève engagé entre dans l'armée comme soldat.

Celui qui refuse de s'engager est immédiatement rendu à ses parents, et le Ministre de la guerre est autorisé à exercer, soit sur leur traitement, soit sur les ressources personnelles de l'enfant, une répétition égale à la moitié des frais d'entretien payés par l'État.

Le prélèvement opéré dans ces conditions sur le traitement des parents (solde d'activité ou pension de retraite), ou les ressources personnelles de l'enfant, ne pourra excéder, par an, le dixième du montant de ce traitement ou de ces ressources.

———

DÉCRET DU 29 MAI 1890

portant règlement sur la solde et les revues.

Art. 75. Les retenues sur le solde se divisent en deux catégories :

1° Les retenues au profit du Trésor qui se subdivisent en :

Retenues de 5 p. 100 ou de 2 p. 100 sur le traitement budgétaire;

Retenues pour logement en nature;

Retenues pour dettes envers l'État;

2° Les retenues au profit des tiers qui se divisent en :

Retenues pour aliments;

Retenues pour dettes en vertu d'oppositions juridiques ou saisies-arrêts;

Retenues pour dettes en vertu d'ordres de l'autorité militaire compétente.

§ 3. — *Retenues pour dettes envers l'État.*

Art. 80. Les officiers et employés militaires, en activité, en disponibilité, en non-activité, en jouissance d'une solde de réforme et les officiers généraux du cadre de réserve sont passibles de retenues sur leur solde dans le cas de dettes envers l'État.

Le Ministre de la guerre a seul le droit de prescrire des retenues lorsque les intéressés contestent soit leur qualité de débiteur, soit le montant de la somme que l'autorité militaire veut mettre à leur charge.

Ces retenues ne peuvent excéder le cinquième de la solde nette, pour les traitements supérieurs à 2,000 francs à moins de décision contraire du Ministre de la guerre; elles ne peuvent excéder le dixième pour les traitements ne dépassant pas cette somme (loi du 12 janvier 1895). Le débiteur peut, s'il le préfère, se libérer plus rapidement.

§ 4. — *Retenues au profit des tiers.* — *Retenues pour aliments.*

Art. 82. Le Ministre de la guerre peut prescrire sur la solde des officiers et employés militaires en activité, en disponibilité, en non-activité, en jouissance d'une solde de réforme et des officiers généraux du cadre de réserve, une retenue pour aliments dans les cas prévus par les articles 203, 205 et 214 du Code civil.

Cette retenue ne peut excéder le tiers de la solde nette. Elle est indépendante de toute autre que subirait déjà l'officier pour quelque cause que ce soit.

Elle est opérée par déduction sur les mandats ou états de solde, et le montant en est ordonnancé et payé aux personnes au profit desquelles la retenue est prescrite, sur la production d'un certificat de retenue et suivant le mode fixé pour les délégations.

Retenues pour dettes en vertu d'oppositions ou saisies-arrêts.

Art. 83. Les retenues qui ont lieu en vertu d'oppositions juridiques ou saisies-arrêts sur la solde des officiers et employés militaires, en activité, en disponibilité et en non-activité et des officiers généraux du cadre de réserve, sont toujours opérées par précompte sur les mandats ou états de solde. Ces retenues ne peuvent excéder le cinquième de la solde nette.

L'indemnité et la prime de rengagement des sous-officiers sont saisissables en totalité par voie d'oppositions ou saisies-arrêts.

Toutes oppositions ou saisies doivent être faites entre les mains des agents des finances sur la caisse desquels les ordonnances ministérielles, les mandats ou états de solde sont délivrés.

Néanmoins, à Paris, et pour tous les payements à effectuer à la Caisse centrale du Trésor public, elles doivent être exclusivement faites entre les mains du conservateur des oppositions au Ministère des finances.

Retenues pour dettes en vertu d'ordres de l'autorité militaire compétente.

Art. 84. Le Ministre de la guerre peut ordonner, au profit de tiers, des retenues sur la solde des officiers et employés militaires désignés à l'article précédent, lorsque cette solde n'est pas déjà frappée d'oppositions juridiques ou saisies-arrêts. Ces retenues ne peuvent excéder le cinquième de la solde nette.

Lorsqu'il use de cette faculté, il indique les conditions dans lesquelles ces retenues devront être faites et payées.

En outre, les chefs de corps peuvent prescrire sur le traitement des officiers, les retenues prévues par les règlements sur le service intérieur des corps de troupe.

Solde de réforme.

Art. 133. Les soldes de réforme et leurs arrérages sont incessibles et insaisissables, excepté dans les cas de débet envers l'État et les corps ou dans les circonstances prévues par les articles 203, 205 et 214 du Code civil.

Dans ces deux cas, les soldes de réforme sont passibles de retenues qui ne peuvent excéder le cinquième pour cause de débet et le tiers pour aliments.

Les retenues à exercer par précompte, soit pour aliments, soit pour débet envers l'État ou envers un corps de troupe, n'ont lieu qu'en vertu d'une décision du Ministre de la guerre.

Celles qui ont pour objet des trop perçus, susceptibles de rentrer par voie de réduction de dépense au crédit du budget de la guerre, peuvent être prescrites par les fonctionnaires de l'intendance militaire.

..... Les retenues pour aliments peuvent être exercées simultanément avec les retenues pour débet.

DÉCRET DU 20 DÉCEMBRE 1890

portant règlement sur la comptabilité des chancelleries diplomatiques et consulaires.

Art. 32. Les agents percepteurs (chanceliers des postes diplomatiques ou consulaires et vice-consuls) sont assujettis à un cautionnement lorsque la moyenne des recettes budgétaires du poste, effectuées pendant les cinq dernières années, dépasse cinq mille francs.

7

Les cautionnements des agents percepteurs sont inscrits au Trésor sans affectation de résidence.

LOI DU 25 JUILLET 1891

ayant pour objet d'étendre à certains travaux, l'application du décret des 26 pluviôse — 28 ventôse an II.

ARTICLE UNIQUE. Les dispositions du décret des 26 pluviôse — 28 ventôse an II sont étendues à tous les travaux ayant le caractère de travaux publics.

En conséquence, les sommes dues aux entrepreneurs de ces travaux, ne pourront être frappées de saisie-arrêt ou d'opposition, au préjudice, soit des ouvriers auxquels des salaires sont dus, soit des fournisseurs qui sont créanciers à raison de fournitures de matériaux et d'autres objets servant à la confection des ouvrages.

Les sommes dues aux ouvriers pour salaires, seront payées de préférence à celles dues aux fournisseurs.

LOI DU 29 DÉCEMBRE 1892

sur les dommages causés à la propriété privée par l'exécution des travaux publics.

ART. 18. Les propriétaires de terrains occupés ou fouillés et les autres ayants droit ont, pour le recouvrement des indemnités qui leur sont dues, privilège et préférence à tous créanciers sur les fonds déposés dans les caisses publiques, pour être délivrés aux entrepreneurs ou autres personnes auxquelles l'Administration a délégué ses droits, dans les conditions de la loi du 25 juillet 1891.

En cas d'insolvabilité de ces personnes, ils ont un recours subsidiaire contre l'Administration qui doit les indemniser intégralement.

LOI DU 12 JANVIER 1895

sur la saisie-arrêt sur les salaires et les petits traitements.

TITRE PREMIER.

Saisie-arrêt.

Art. 1er, Les salaires des ouvriers et gens de service ne sont saisissables que jusqu'à concurrence du dixième, quel que soit le montant de ces salaires.

Les appointements ou traitements des employés ou commis et des fonctionnaires ne sont également saisissables que jusqu'à concurrence du dixième lorsqu'ils ne dépassent pas 2,000 francs par an,

Art. 2. Les salaires, appointements et traitements visés par l'article 1er ne pourront être cédés que jusqu'à concurrence d'un autre dixième.

Art. 3, Les cessions et saisies faites pour le payement des dettes alimentaires prévues par les articles 203, 205, 206, 207, 214 et 349 du Code civil ne sont pas soumises aux restrictions qui précèdent.

Art. 4. Aucune compensation ne s'opère au profit des patrons entre le montant des salaires dus par eux à leurs ouvriers et les sommes qui leur seraient dues à eux-mêmes pour fournitures diverses, quelle qu'en soit la nature, à l'exception toutefois :

1° Des outils ou instruments nécessaires au travail ;

2° Des matières et matériaux dont l'ouvrier a la charge et l'usage ;

3° Des sommes avancées pour l'acquisition de ces mêmes objets.

Art. 5. Tout patron qui fait une avance en espèces, en dehors du cas prévu par le paragraphe 3 de l'article 4 qui précède, ne peut se rembourser qu'au moyen de retenues successives ne dépassant pas le dixième du montant des salaires ou appointements exigibles.

La retenue opérée de ce chef ne se confond ni avec la partie saisissable ni avec la partie cessible portée en l'article 2.

Les acomptes sur un travail en cours ne sont pas considérés comme avances,

TITRE II.

Procédure de saisie-arrêt sur les salaires et petits traitements.

Art. 6. La saisie-arrêt sur les salaires et les appointements ou traitements ne dépassant pas annuellement 2,000 francs, dont il s'agit à l'article 1er de la présente loi, ne pourra être pratiquée, s'il y a titre, que sur le visa du greffier de la justice de paix du domicile du débiteur saisi.

S'il n'y a point de titre, la saisie-arrêt ne pourra être pratiquée qu'en vertu de l'autorisation du juge de paix du domicile du débiteur saisi. Toutefois, avant d'accorder l'autorisation, le juge de paix pourra, si les parties n'ont déjà été appelées en conciliation, convoquer devant lui par simple avertissement, le créancier et le débiteur; s'il intervient un arrangement, il en sera tenu note par le greffier, sur un registre spécial exigé par l'article 14.

L'exploit de saisie-arrêt contiendra en tête l'extrait du titre, s'il y en a un, ainsi que la copie du visa, et, à défaut de titre, copie de l'autorisation du juge. L'exploit sera signifié au tiers saisi ou à son représentant préposé au payement des salaires ou traitements, dans le lieu où travaille le débiteur saisi.

Art. 7. L'autorisation accordée par le juge évaluera ou énoncera la somme pour laquelle la saisie-arrêt sera formée.

Le débiteur pourra toucher du tiers saisi la portion non saisissable de ses salaires, gages ou appointements.

Une seule saisie-arrêt doit être autorisée par le juge. S'il survient d'autres créanciers, leur réclamation, signée et déclarée sincère par eux et contenant toutes les pièces de nature à mettre le juge à même de faire l'évaluation de la créance, sera inscrite par le greffier sur le registre exigé par l'article 14. Le greffier se bornera à en donner avis dans les quarante-huit heures au débiteur saisi et au tiers saisi, par lettre recommandée qui vaudra opposition.

Art. 8. L'huissier saisissant sera tenu de faire parvenir au juge de paix, dans le délai de huit jours à dater de la saisie, l'original de l'exploit, sous peine d'une amende de dix francs qui sera prononcée par le juge de paix en audience publique.

Art. 9. Tout créancier saisissant, le débiteur et le tiers saisi pourront requérir la convocation des intéressés devant le juge de paix du débiteur saisi, par une déclaration consignée sur le registre spécial prévu en l'article 14.

Dans les quarante-huit heures de cette réquisition, le greffier adressera : 1° au saisi, 2° au tiers saisi, 3° à tous autres créanciers opposants un avertissement recommandé à comparaître devant le juge de paix à l'audience que celui-ci aura fixée.

A cette audience ou à toute autre fixée par lui, le juge de paix, prononçant sans appel dans la limite de sa compétence, et à charge d'appel à quelque valeur que la demande puisse s'élever, statuera sur la validité, la nullité ou la mainlevée de la saisie ainsi que sur la déclaration affirmative que le tiers saisi sera tenu de faire audience tenante.

Le tiers saisi qui ne comparaîtra pas ou qui ne fera pas sa déclaration, ainsi qu'il est dit ci-dessus, sera déclaré débiteur pur et simple des retenues non opérées et condamné aux frais par lui occasionnés.

Art. 10. Si le jugement est rendu par défaut, avis de ces dispositions sera transmis par le greffier à la partie défaillante, par lettre recommandée, dans les cinq jours du prononcé.

L'opposition, qui ne sera recevable que dans les huit jours de la date de la lettre, consistera dans une déclaration à faire au greffe de la justice de paix, sur le registre prescrit par l'article 14.

Toutes parties intéressées seront prévenues, par lettre recommandée du greffier, pour la plus prochaine audience utile. Le jugement qui interviendra sera réputé contradictoire. L'appel relevé contre le jugement contradictoire sera formé dans les dix jours du prononcé du jugement et, dans le cas où il aurait été rendu par défaut, du jour de l'expiration des délais d'opposition, sans que dans le cas de jugement contradictoire, il soit besoin de le signifier.

Art. 11. Après l'expiration des délais de recours, le juge de paix pourra surseoir à la convocation des parties intéressées tant que la somme à distribuer n'atteindra pas, d'après la déclaration du tiers saisi, et déduction faite des frais à prélever et des créances privilégiées, un chiffre suffisant pour distribuer aux créanciers connus un dividende de 20 p. 100 au moins. S'il y a somme suffisante, et si les parties ne se sont pas amiablement entendues pour la répartition, le juge procédera à la distribution entre les ayants droit. Il établira son état de répartition sur le registre prescrit par l'article 14. Une copie de cet état, signée du juge et du greffier, indiquant le montant des frais à prélever, le montant des créances privilégiées, s'il en existe, et le montant des sommes attribuées dans la répartition à chaque ayant droit, sera transmise par le greffier, par lettre recommandée, au débiteur saisi ou au tiers saisi, et à chaque créancier colloqué.

Ces derniers auront une action directe contre le tiers saisi en payement de leur collocation. Les ayants droit aux frais et aux collocations utiles donneront quittance en marge de l'état de répartition remis au tiers saisi, qui se trouvera libéré d'autant.

Art. 12. Les effets de la saisie-arrêt et les oppositions consignées par le greffier sur le registre spécial subsisteront jusqu'à complète libération du débiteur.

Art. 13. Les frais de saisie-arrêt et de distribution seront à la charge du débiteur saisi. Ils seront prélevés sur la somme à distribuer.

Tous frais de contestation jugée mal fondée seront mis à la charge de la partie qui aura succombé.

Art. 14. Pour l'exécution de la présente loi, il sera tenu au greffe de chaque justice de paix un registre sur papier non timbré, qui sera coté et paraphé par le juge de paix et sur lequel seront inscrits :

1° Les visas ou ordonnances autorisant la saisie-arrêt ;

2° Le dépôt de l'exploit ;

3° La réquisition de la convocation des parties ;

4° Les arrangements intervenus ;

5° Les interventions des autres créanciers ;

6° La déclaration faite par le tiers saisi ;

7° La mention des avertissements ou lettres recommandées remises aux parties ;

8° Les décisions du juge de paix ;

9° La répartition établie entre les ayants droit.

Art. 15. Tous les exploits, autorisations, jugements, décisions, procès-verbaux et états de répartition qui pourront intervenir en exécution de la présente loi seront rédigés sur papier non timbré et enregistrés gratis. Les avertissements et lettres recommandées et les copies d'état de répartition sont exempts de tout droit de timbre et d'enregistrement.

Art. 16. Un décret déterminera les émoluments à allouer aux greffiers pour l'envoi des lettres recommandées et pour dresse de tous extraits et copies d'état de répartition.

Art. 17. Les lois et décrets antérieurs sont abrogés en ce qu'ils ont de contraire à la présente loi.

Art. 18. La présente loi est applicable à l'Algérie et aux colonies.

La présente loi, délibérée et adoptée par le Sénat et par la Chambre des députés, sera exécutée comme loi de l'État.

DÉCRET DU 10 JUILLET 1895

sur la solde, l'administration et la comptabilité des équipages de la flotte.

Art. 296, § 1. Les officiers mariniers, marins et autres (à l'exclusion des matelots de 3ᵉ classe condamnés à un embarquement correctionnel à deux tiers de solde, des apprentis marins, des novices et des mousses), ont la faculté de déléguer, soit à leur femme, leurs ascendants, descendants, frères ou sœurs, ainsi qu'à des tiers pour l'entretien de femme, d'ascendants ou d'enfants mineurs, soit à toute personne non dénommée ci-dessus, mais, dans ce dernier cas, avec l'autorisation du préfet maritime, la portion de leur solde dont la quotité est déterminée par le tarif n° 24 annexé au présent décret.

§ 2. Toutefois la quotité réglementaire de délégation, prévue au tarif n° 24, peut dans certains cas, être réduite par décision du Ministre, de manière à assurer au marin délégant, le payement d'une somme journalière de dix centimes.

§ 3. Aucune autre portion de solde ou allocation ne peut être déléguée.

Art. 297. Les déclarations de délégations sont faites, soit devant les commissaires de l'inscription maritime au moment de la levée, soit devant les conseils d'administration des services à terre, ou des bâtiments, pendant la durée de la présence au service.

Art. 298, § 1. Des délégations d'office, à titre de retenues pour aliments ou entretien, peuvent être inscrites sur la solde des officiers mariniers, marins et autres, dans les cas respectivement déterminés par les articles 203, 205 et 214 du Code civil. La quotité de ces délégations est celle qui est fixée par le tarif n° 24.

§ 2. La décision est prise par le préfet maritime du port, dans lequel est centralisée la comptabilité du bâtiment, du dépôt ou autre service à terre, d'après le résultat d'une enquête faite par les commissaires de l'inscription maritime, s'il s'agit de marins inscrits, et par les commissaires aux armements, s'il s'agit de marins provenant de l'engagement volontaire ou du recrutement, ainsi que d'agents de service civils. Autant que les circonstances le permettent, le marin en cause est entendu avant l'enquête, et invité à déléguer volontairement ou à donner les motifs de son refus.

§ 3. Lorsqu'une délégation d'office est imposée simultanément à un officier marinier ou marin au profit de ses ascendants et de sa femme, le tiers de la portion déléguée est attribué aux premiers, les deux tiers à la seconde, à moins que le préfet maritime ne juge utile, à raison de circonstances particulières, d'établir le partage dans une proportion différente.

§ 4. Les dispositions du présent article sont applicables aux enfants naturels légalement reconnus par leurs parents.

Art. 351, § 1. La solde et les accessoires de solde des officiers mariniers, marins ou autres, faisant partie du corps des équipages de la flotte, en activité ou en disponibilité, sont incessibles, excepté dans le cas de délégation, et insaisissables, excepté dans les cas de débet envers l'État, ou pour aliments, dans les circonstances prévues par les articles 203, 205 et 214 du Code civil...

§ 2. En conséquence, aucune opposition ou saisie-arrêt sur les sommes dues par l'État auxdits officiers mariniers, marins et autres, à raison de dettes et obligations faites ou consenties par eux, ne peut être admise par les trésoriers-payeurs, agents ou préposés du Trésor public ou de l'établissement des invalides.

Art. 352. Les retenues pour aliments sont prononcées dans la forme prescrite par le chapitre V du présent décret, concernant les délégations (art. 296 et suivants).

DÉCRET DU 24 SEPTEMBRE 1896

portant règlement sur les allocations de solde et les accessoires de solde des officiers, aspirants, fonctionnaires et divers agents du département de la marine.

§ 5. — *Retenue pour dette à l'État.*

Art. 116. 1° Les dettes envers l'État sont signalées au moyen d'avis établis par les conseils d'administration ou fonctionnaires visés à l'article 4. — Toutefois elle peuvent être reprises d'après les indications des livrets de solde dont les intéressés sont porteurs, si, d'ailleurs, ils n'en contestent pas la validité.

2° Lorsqu'une reprise a lieu sans la production d'un avis de dette, le fonctionnaire qui opère la retenue, informe le service qui tenait le débiteur au courant de sa solde et provoque un avis confirmatif ou rectificatif du chiffre de la dette.

Quotité de la retenue pour dette à l'État.

ART. 117. 1° Les retenues pour dettes à l'État ne peuvent excéder le cinquième de la solde nette des officiers et autres en activité, ou des officiers en non-activité, à moins de décision contraire du Ministre qui peut élever la retenue jusqu'au tiers de la solde nette.

2° En cas de débarquement, après avances reçues et non acquises, cette retenue est fixée au tiers de la solde, à moins de décision spéciale du Ministre.

En cas de nouvelles avances avant libération complète, le restant dû est déduit du montant de ces avances.

3° Les retenues déterminées par le présent article, sont indépendantes de celles que l'officier ou autre peut déjà subir, mais sous réserve des prescriptions édictées par l'article 124 ci-après.

§ 7. — *Retenues au profit de tiers.*

RETENUE POUR ALIMENTS.

ART. 120. 1° Le Ministre de la marine peut prescrire, sur la solde des officiers et autres, dans les cas déterminés par les articles 203, 205 et 214 du Code civil, une retenue pour aliments, indépendante de toutes celles que l'intéressé peut déjà subir, pour quelque cause que ce soit.

2° En cas de décès de la personne secourue, sa succession a droit aux sommes qui auraient pu être retenues jusqu'au jour de ce décès.

Le surplus fait retour à l'officier ou autre qui subissait cette retenue.

RETENUE POUR DETTES.

ART. 121. 1° Les retenues pour dettes contractées par les officiers et autres, ont lieu en vertu d'oppositions judiciaires.

2° Toutefois, le Ministre peut en ordonner d'office. Les commandants en chef à la mer, peuvent également exercer le même droit hors de

France, sous la réserve de rendre compte immédiatement au Ministre des retenues qu'ils ont prononcées.

3° Toute opposition judiciaire a pour effet de suspendre les retenues au profit de tiers, prononcées d'office par le Ministre ou le commandant en chef.

FORMES DANS LESQUELLES LES SAISIES-ARRÊTS OU OPPOSITIONS DOIVENT ÊTRE EFFECTUÉES.

ART. 122. 1° Les saisies-arrêts ou oppositions sur la solde des officiers et autres doivent être faites entre les mains des payeurs, agents ou préposés sur la caisse desquels les ordonnances ou mandats sont délivrés.

2° Néanmoins, à Paris et pour tous les payements à effectuer à la caisse du payeur central du Trésor public, elles doivent être exclusivement faites entre les mains du conservateur des oppositions au Ministère des finances.

3° Les sommes provenant des retenues opérées par les payeurs sont distribuées aux opposants suivant les formes prescrites par le Code de procédure civile.

QUOTITÉ DES RETENUES À EXERCER.

ART. 123. Comme pour les retenues à exercer au profit du Trésor public, les retenues pour dettes, ne peuvent excéder le cinquième de la solde des officiers ou autres en activité, ou des officiers en non-activité, à moins de décisions contraires du Ministre de la marine.

MAXIMUM DU CHIFFRE TOTAL DES RETENUES, AU CAS OU PLUSIEURS RETENUES DOIVENT ÊTRE EXERCÉES SIMULTANÉMENT SUR LA SOLDE. — ORDRE DANS LEQUEL ELLES DOIVENT ÊTRE OPÉRÉES.

ART. 124. 1°. Dans le cas où un officier ou autre est appelé à subir à la fois, sur son traitement, une retenue pour aliments, une retenue pour dettes à l'État et une retenue au profit de tiers, l'ensemble de ces retenues ne peut excéder :

Les deux tiers de la solde si l'officier ou autre est embarqué;

La moitié de la solde dont il jouit, s'il est en service à terre ou en non-activité.

§ 8. — *Retenue sur la solde de réforme.*

Art. 126. Les retenues à exercer par précompte sur la solde de réforme des officiers, soit pour aliments, soit pour débet envers l'État, n'ont lieu qu'en vertu d'une décision du Ministre de la marine.

Les retenues pour aliments peuvent être opérées simultanément avec les retenues pour débet envers l'État.

PERSONNEL AUQUEL SONT APPLICABLES LES DISPOSITIONS DU PRÉSENT DÉCRET, DATE DE SA MISE EN VIGUEUR.

Art. 179. Les dispositions du présent décret, qui sera mis en exécution à partir du 1er janvier 1897 sont applicables :

1b Aux officiers et autres des divers services du département de la Marine, à l'exception de ceux qui font partie de l'Administration centrale.

2o Aux agents à la nomination des vices-amiraux commandant en chef, préfets maritimes, des chefs de service dans les ports secondaires et des directeurs des établissements hors des ports.

LOI DU 30 MARS 1902

portant fixation du budget général de l'exercice 1902.

Art. 58. Les dispositions de la loi du 12 novembre 1808, sont applicables aux taxes communales assimilées aux contributions directes.

Toutefois le privilège ainsi créé prendra rang immédiatement après celui du Trésor public.

DÉCRET DU 3 JANVIER 1903

portant règlement sur la solde et les revues des corps de la gendarmerie.

Art. 53. Les retenues sur la solde se divisent en deux catégories :

1o Les retenues au profit du Trésor qui se subdivisent en :
Retenues de 5 p. o/o sur le traitement budgétaire;
Retenues pour logement en nature;
Retenues pour dettes envers l'État;

2° Les retenues au profit des tiers qui se divisent en :

Retenues pour aliments;

Retenues pour dettes en vertu d'oppositions juridiques ou saisies-arrêts;

Retenues pour dettes en vertu d'ordres de l'autorité militaire compétente.

. . . .

Art. 58. Les officiers et les sous-officiers, brigadiers et gendarmes, en activité de service, sont passibles de retenues sur leur solde dans le cas de dettes envers l'État.

Le Ministre de la guerre a seul le droit de prescrire des retenues, lorsque les intéressés contestent, soit leur qualité de débiteur, soit le montant de la somme que l'autorité militaire veut mettre à leur charge. Ces retenues ne peuvent excéder le dixième de la solde nette pour les traitements ne dépassant pas 2,000 francs, le cinquième pour les traitements dépassant 2,000 francs, déduction faite, pour les sous-officiers, brigadiers et gendarmes, du prélèvement fait de la portion qui doit être versée à la masse individuelle, à moins de décision contraire du Ministre de la guerre. — Le débiteur peut, s'il le préfère, se libérer plus rapidement.

Art. 59. Les ordres de retenues sont adressés aux intendants militaires; ceux-ci font tenir, par les sous-intendants, un registre sur lequel un compte particulier des retenues à opérer est ouvert à chaque débiteur, avec l'indication des états de solde et des revues, sur lesquels les retenues ont été effectuées.

Les ordonnateurs portent sur les états de solde et sur les revues la mention des retenues opérées.

Lorsqu'un militaire, passible de retenues, passe dans un autre arrondissement d'ordonnateur, l'ancien ordonnateur adresse au nouvel ordonnateur la situation du compte de retenue de ce militaire. — Tous les trois mois, les intendants militaires transmettent au Ministre un état détaillé des retenues afférentes au trimestre précédent.

Art. 60. Le Ministre de la guerre peut prescrire, sur la solde des officiers, des sous-officiers, brigadiers et gendarmes en activité, une retenue pour aliments dans les cas prévus par les articles 203, 205 et 214 du Code civil.

Cette retenue ne peut excéder le tiers de la solde nette, déduction faite pour les sous-officiers, brigadiers et gendarmes du prélèvement au

profit de la masse. Elle est indépendante de toute autre que subirait
déjà le militaire pour quelque cause que ce soit.

Elle est opérée par déduction sur les états de solde et le montant en
est ordonnancé par le sous-intendant militaire, au profit des personnes
pour lesquelles la retenue est prescrite, sur la production d'un certificat
de retenue.

ART. 61. Les retenues qui ont lieu en vertu d'oppositions juridiques
ou saisies-arrêts, sur la solde des officiers, sous-officiers, brigadiers et
gendarmes, sont toujours opérées par précompte sur les états de solde.
Ces retenues ne peuvent excéder le dixième de la solde nette, pour les
traitements ne dépassant pas 2,000 francs, ou le cinquième pour les traitements dépassant 2,000 francs déduction faite, pour les sous-officiers,
brigadiers et gendarmes, du prélèvement au profit de la masse.

Toutes oppositions ou saisies-arrêts doivent être faites entre les mains
des agents des finances, sur la caisse desquels les états de solde sont délivrés. Néanmoins, à Paris, et pour tous les payements à effectuer à la
caisse du Trésor public, elles doivent être exclusivement faites entre les
mains du conservateur des oppositions au Ministère des finances.

ART. 62. Le Ministre de la guerre peut ordonner au profit de tiers,
des retenues sur la solde des officiers, sous-officiers, brigadiers et gendarmes, lorsque cette solde n'est pas déjà frappée d'oppositions juridiques
ou saisies-arrêts. Ces retenues ne peuvent excéder la proportion de la
solde déterminée à l'article précédent.

Lorsqu'il use de cette faculté, il indique les conditions dans lesquelles
ces retenues devront être faites et payées.

En outre, les chefs de corps peuvent prescrire sur le traitement des
militaires de tous grades, les retenues prévues par le règlement sur le
service intérieur de la gendarmerie.

DÉCRET DU 21 OCTOBRE 1903

*portant modification au décret du 1ᵉʳ novembre 1899 sur la réglementation
des congés et le mode de payement de la solde de congé des fonctionnaires,
employés et agents en service dux colonies.*

ART. 3. Les fonctionnaires, employés ou agents provenant des colonies,
et résidant hors du département dans lequel se trouve le port de débarquement, sont payés, pendant la durée de leur séjour en France, en

Algérie ou en Tunisie, par les soins du service colonial dudit port, à l'aide de titres de payement conformes, suivant le cas, à l'un des deux modèles ci-joints, sur lesquels ce fonctionnaire décompte et mandate les allocations de toute nature acquises par les intéressés, ainsi que les rappels auxquels ceux-ci peuvent prétendre. Toutefois, les avances de solde et les indemnités de déplacement, allouées aux fonctionnaires, employés ou agents au moment de leur départ, sont payées dans les conditions ordinaires, soit par le chef du service colonial du port d'embarquement, soit à titre tout exceptionnel, par les soins de l'administration centrale, sur la production du livret des intéressés, dûment arrêté à la date du dernier payement effectué par l'administration qui les a tenus au courant de leur solde.

Art. 4. Les titres de payement, dont il est question à l'article précédent et qui comportent un talon, sont émis sur la caisse du trésorier-payeur général du département où se trouve le port de débarquement. Le Chef du Service colonial se conforme, pour en assurer le payement, dans le département de la résidence du fonctionnaire en congé, aux règles arrêtées de concert par le Ministre des finances et celui des colonies.

Art. 5. Ces titres de payement étant assignés payables sur la caisse du trésorier-payeur général du département où est situé le port de débarquement, c'est seulement entre les mains de ce comptable, que doivent être faites toutes les saisies-arrêts et oppositions sur les sommes dues aux fonctionnaires.

DÉCRET DU 29 DÉCEMBRE 1903

*portant règlement sur la solde et les accessoires de solde des troupes coloniales,
à la charge du Département des Colonies.*

Art. 18. Les retenues sur la solde se divisent en deux catégories :

1° Les retenues au profit du Trésor, qui se subdivisent en : retenues pour pensions, retenues d'hôpital, retenues pour logement en nature, retenues pour dettes envers l'État ;

2° Les retenues au profit de tiers, qui se divisent en : retenues pour aliments, retenues pour dettes en vertu d'oppositions juridiques ou saisies-arrêts, retenues pour dettes en vertu d'ordres de l'autorité militaire compétente.

Art. 24. Les officiers et assimilés, en activité, en disponibilité, en non-activité, en jouissance d'une solde de réforme et les officiers généraux du cadre de réserve, sont passibles de retenues sur leur solde dans le cas de dettes envers l'État. Le Ministre seul a le droit de prescrire des retenues, lorsque les intéressés contestent, soit leur qualité de débiteur, soit le montant de la somme que l'autorité militaire veut mettre à leur charge. Ces retenues ne peuvent excéder le cinquième de la solde nette pour les traitements supérieurs à 2,000 francs, à moins de décision contraire du Ministre; elles ne peuvent excéder le dixième pour les traitements ne dépassant pas cette somme; (loi du 12 janvier 1895). Le débiteur peut, s'il le préfère, se libérer plus rapidement.

Les retenues à exercer sur la solde des officiers et assimilés, qui restent débiteurs envers le Trésor d'une partie de leur pension dans les diverses écoles militaires du gouvernement, sont fixées savoir : au cinquième de la solde pour les officiers supérieurs; au dixième pour les capitaines, au vingtième pour les lieutenants. Toute retenue sera ajournée pour les sous-lieutenants et assimilés, jusqu'à leur promotion au grade supérieur. Les retenues devront être exercées mensuellement sur la solde des officiers débiteurs.

Art. 26. Le Ministre des colonies peut prescrire sur la solde des officiers et assimilés en activité, en non-activité, en jouissance d'une solde de réforme et des officiers généraux du cadre de réserve, une retenue pour aliments dans les cas prévus par les articles 203, 205, 206, 207, 214 et 349 du Code civil. Cette retenue ne peut excéder le tiers de la solde nette. Elle est indépendante de toute autre retenue, que subirait déjà l'officier, pour quelque cause que ce soit. Elle est opérée par déduction sur les mandats ou états de solde, et le montant en est ordonnancé et payé aux personnes au profit desquelles la retenue est prescrite, sur la production d'un certificat de retenue.

En cas de décès de la personne secourue, sa succession a droit aux sommes qui auraient pu être retenues sur la solde de l'officier ou assimilé, jusqu'au jour inclus du décès de cette personne. Le surplus fait retour à celui qui subissait la retenue.

Art. 27. Les retenues qui ont lieu en vertu d'oppositions juridiques ou saisies-arrêts sur la solde des officiers et employés militaires en activité, en disponibilité et en non-activité et des officiers généraux du cadre de réserve, sont toujours opérées par précompte sur les mandats ou états de solde. Ces retenues ne peuvent excéder le cinquième de la solde nette.

La première mise d'entretien et la prime de rengagement des sous-officiers sont saisissables, en totalité, par voie d'oppositions ou saisies-arrêts.

Toutes oppositions ou saisies-arrêts doivent être faites entre les mains des payeurs, agents ou préposés sur la caisse desquels les ordonnances, les mandats ou titres de payement sont délivrés.

Néanmoins, à Paris, et pour tous les payements à effectuer à la Caisse centrale du Trésor public, elles doivent être exclusivement faites entre les mains du conservateur des oppositions au Ministère des finances.

LOI DU 27 JUILLET 1904

sur le service des enfants assistés.

ART. 52. Les secours, pensions et indemnités sont incessibles et insaisissables.

LOI DU 22 AVRIL 1905

portant fixation du budget général des dépenses et des recettes
de l'exercice 1905.

ART. 8. Tous les actes, décisions ou formalités, auxquels donnera lieu l'exécution de la loi du 12 janvier 1895, relative à la saisie-arrêt sur les salaires et petits traitements des ouvriers et employés, seront, quelle qu'en soit la nature, rédigés sur papier non timbré et enregistrés gratis.

LOI DU 12 JUILLET 1905.

concernant la signification d'oppositions et de cessions faites entre les mains
des comptables de deniers publics et des préposés de la Caisse des dépôts et
consignations.

ARTICLE UNIQUE. Toute opposition ou cession, signifiée au conservateur des oppositions au Ministère des finances, à un comptable des deniers publics ou à un préposé de la Caisse des dépôts et consignations, devra rester déposée, jusqu'au lendemain, au bureau ou à la caisse où elle aura été faite.

Le visa sera daté de ce dernier jour.

JURISPRUDENCE.

ARRÊT DE LA COUR DE CASSATION

du 10 mars 1818

relatif au privilège des sous-traitants de la guerre.

La Cour,

Attendu, 1° que l'arrêt dénoncé a jugé en fait, et conformément aux dispositions combinées des décrets des 13 juin et 12 décembre 1806, que le défendeur avait déposé en temps utile les pièces justificatives de ses fournitures; 2° que, suivant les termes du décret du 12 décembre 1806, et de l'avis du conseil d'État approuvé le 11 juin 1810, les sous-traitants ont, pour le montant de leurs fournitures, un privilège sur toutes les sommes, sur tous les fonds dus aux entrepreneurs généraux, tant pour leurs fournitures qu'à titre de cautionnement, et qu'ainsi l'arrêt dénoncé s'est conformé littéralement à ce décret et à cet avis du Conseil d'État, loin de les avoir violés, en décidant que le privilège du défendeur s'étendait à tous les fonds dus par le Gouvernement à la compagnie M. M....., et non pas seulement aux sommes des fournitures faites par le défendeur; 3° que ces expressions du décret du 12 décembre 1806 (sauf les droits du Gouvernement) ne peuvent évidemment s'appliquer contre les sous-traitants qu'à des droits qui, par leur nature, doivent prévaloir sur le privilège même accordé aux sous-traitants, et qui ne peuvent résulter que d'avances faites par le Gouvernement aux entrepreneurs généraux pour raison de leurs fournitures, ou d'indemnités dues au Gouvernement pour mauvaise gestion à raison desdites fournitures, mais que l'arrêt dénoncé a jugé en fait que, dans l'espèce, ce n'était pas des créances de cette nature que le demandeur voulait faire prévaloir sur le privilège conféré au défendeur par le décret susdaté, mais bien des créances qu'il tenait des tiers porteurs, et pour lesquelles, en conséquence, le demandeur ne pouvait avoir plus de droits que n'en auraient eu ces tiers porteurs qu'il représente : d'où il suit que l'arrêt dénoncé, en décidant que le demandeur ne pouvait faire résulter de ces créances une exception au privilège conféré au défendeur, et n'avait pu d'ailleurs en acquérir la compensation, soit au préjudice du privilége du défendeur, soit au préjudice des oppositions formées par d'autres créanciers avant celle faite par le Trésor, loin d'avoir violé le décret du 12 décembre 1806 et les articles 1289, 1291 et 1298 du Code civil, en a fait au contraire une juste application,

Rejette, etc.

ARRÊT DE LA COUR DE CASSATION

du 20 février 1828

relatif au privilége des sous-traitants de la guerre.

La Cour,

Attendu que les décrets des 13 juin et 12 décembre 1806 accordent à tout sous-traitant d'une entreprise relative au service de la guerre un privilége spécial sur les sommes dues à l'entrepreneur principal, et que, si ce privilége, comme tout autre, est une exception au droit commun, il ne doit pas moins être maintenu dans le cas pour lequel il a été établi, ayant pour objet d'assurer l'exactitude des fournitures relatives au service de la guerre;

Attendu que le privilége accordé par l'article 2 du décret du 12 décembre 1806 aux sous-traitants, pour le montant de leurs créances, contre les traitants, sur les sommes dues à ceux-ci par l'État, n'est pas restreint uniquement aux sommes représentatives des fournitures faites par les sous-traitants, mais s'étend généralement à toutes les sommes dues aux traitants par l'État, en exécution ou par suite de leur traité; qu'ainsi l'arrêt attaqué s'est conformé à ce décret en décidant que, dans l'espèce, le privilége des sous-traitants s'étendait à tous les fonds dus par l'État aux entrepreneurs et compris dans leur liquidation générale,

Rejette, etc.

ARRÊT DE LA COUR D'APPEL DE TOULOUSE

du 18 janvier 1840

relatif à la saisissabilité des pensions militaires.

Le tribunal civil d'Albi a rendu, le 28 janvier 1839, un jugement ainsi conçu :

Attendu que si, par une dérogation expresse au droit commun, par un privilége très exceptionnel, l'article 28 de la loi du 11 avril 1831 décide, en règle générale, que les pensions militaires et leurs arrérages sont incessibles et insaisissables, cependant le législateur a voulu que le bénéfice accordé aux serviteurs de la patrie cessât, et que les pensions militaires rentrassent dans la classe ordinaire, lorsqu'il s'agit d'exécuter les obligations naissant du mariage; — Attendu qu'au nombre de ces obligations figurent non seulement celles qui assujettissent les père et mère à nourrir leurs enfants et qui, réciproquement, imposent aux enfants le devoir sacré de fournir des aliments aux auteurs de leurs jours, mais encore celle qui prescrit au mari de pourvoir incessamment aux besoins et à l'entretien de sa femme; — Attendu qu'il faut reconnaître, dès lors, que la législation de 1831, en indiquant comme seuls cas exceptionnels au principe de l'incessibilité et de l'insaisissabilité des pensions militaires ceux prévus par les articles 203 et 305 du Code civil, n'a pas entendu exclure du bénéfice accordé aux père et mère, et à leurs enfants réciproquement, les uns vis-à-vis des autres, la légitime épouse, dont les droits sont aussi sacrés; qu'il faut donc décider que la mention des articles 203 et 305 est purement démonstrative en ce qui concerne les droits de la femme, et que celle-ci peut saisir la pension militaire de son mari lorsque des sommes devront lui être fournies par celui-ci à titre d'aliments; qu'ainsi, en droit, la saisie-arrêt faite à la requête de la dame D..... entre les mains de M. le Payeur du département du Tarn doit être déclarée valable; — Attendu, en fait, que la position de fortune de la dame D..... étant absolument la même que lorsque l'arrêt de la cour royale de Toulouse du 22 mars 1831 lui a accordé une pension alimentaire, cette décision doit être respectée et maintenue : — Par ces motifs déclare la saisie-arrêt valable, etc.

Sur l'appel, la Cour, adoptant les motifs des premiers juges, etc., confirme, etc.

ARRÊT DE LA COUR DE CASSATION

du 25 mai 1841

relatif à l'exécution des jugements par les tiers.

LA COUR,

Sur le premier moyen, considérant que l'article 548 du Code de procédure est spécial pour le cas de payement à faire, en vertu d'un jugement, par un tiers qui n'y a pas été partie; que, dans le but de donner aux intéressés des garanties indispensables, il établit des conditions spéciales et de rigueur dont l'inobservation constitue le tiers en état de faute et engage sa responsabilité; que l'article 548, loin d'être modifié par l'article 135 du

Code de procédure, contient au contraire une dérogation à cet article; que c'est ce qui est indiqué clairement : 1° par la place qu'occupe l'article 548 par rapport à l'article 135; 2° par la généralité précise de ces termes; 3° par son objet, qui embrasse toutes les choses à faire par un tiers en vertu d'un jugement, tandis que l'article 135 concerne plutôt l'effet d'un jugement entre les parties au procès; 4° par le rapprochement de l'article 548 avec l'article 2157 du Code civil;

Considérant, en fait, que l'arrêt attaqué constate que le demandeur a effectué le payement des fonds dont il était dépositaire, en vertu d'un jugement qui ne remplissait pas les conditions requises par l'article 548;

Sur le deuxième moyen, considérant que les lois relatives à l'organisation du service de la Caisse des dépôts et consignations ne contiennent aucune dérogation aux règles tutélaires posées par l'article 548 et qu'elles sont, au contraire, censées s'y référer,

Rejette, etc.

ARRÊT DE LA COUR D'APPEL DE PARIS

DU 28 AOÛT 1842

relatif aux retenues pour aliments sur les traitements civils.

La Cour,

Considérant que la partie insaisissable du traitement des employés est réservée pour leurs besoins et ceux de leur famille;

Considérant que la pension accordée à une femme, même séparée de corps, n'est que la représentation des aliments qui lui sont dus par son mari;

Qu'ainsi elle peut et doit être prélevée sur la portion réservée pour les besoins communs;

Infirme; fixe à 640 francs par an la somme à toucher par la dame G....., par douzième, de mois en mois, à compte de sa pension sur la portion insaisissable du traitement de son mari; ordonne que ladite somme lui sera payée directement, et sur sa simple quittance, par l'Administration, sans préjudice de ses autres droits; qu'elle pourra faire valoir concurremment avec les autres créanciers sur la portion saisissable du traitement, etc.

ARRÊT DE LA COUR DE CASSATION

[DU 9 JUIN 1858

relatif à l'exécution les jugements par des tiers.

La Cour,

Sur la fin de non-recevoir prise de la nature de la décision attaquée, laquelle ayant été rendue en état de référé, ne serait point sujette au recours en cassation; — Attendu que tout jugement qui statue définitivement même sur un incident ou sur une demande provisoire est susceptible de recours en cassation, et que la décision attaquée, quoique rendue à l'état de référé, a ce caractère et cet effet;

Rejette la fin de non-recevoir;

Et statuant sur le moyen présenté à l'appui du pourvoi; vu les articles 548 et 550 Cod. proc. civ. : — Attendu que l'observation des conditions spéciales auxquelles les articles susvisés subordonnent l'exécution par un tiers d'un jugement prononçant une mainlevée, une radiation d'inscription, un payement ou quelque autre chose à faire par ce tiers ou à sa charge, ne cesse point d'être de rigueur dans le cas où cette exécution a été ordonnée par provision et nonobstant appel; qu'en effet, d'une part, le jugement ne saurait avoir cette force d'exécution vis-à-vis du tiers qui n'y a point été partie; que, d'autre part, le tiers dépositaire de sommes frappées d'opposition, et notamment la Caisse des consignations instituée pour la conservation des droits et des prétentions de tous les opposants sur les fonds consignés, ne peuvent s'en dessaisir, à moins qu'on ne leur justifie d'une décision qui ait acquis vis-à-vis de tous les intéressés un caractère irrévocable en ce sens qu'elle ne soit plus susceptible d'être réformée par les voies ordinaires; — Et attendu, en fait, qu'une ordonnance rendue en état de référé par le président du tribunal civil de Lyon a prescrit que les sommes provenant de retenues faites sur le traitement du commissaire de police J....., et dont le receveur général du département du Rhône était dépositaire comme préposé de la Caisse des dépôts et consignations, seraient versées entre les mains de V. C....., nommé séquestre et chargé par ladite ordonnance de faire la répartition desdites sommes entre les créanciers dudit J....., suivant leurs droits et privilèges; que ladite ordonnance, quoique rendue hors la présence de la plus grande partie des créanciers opposants et du préposé de la Caisse des consignations, a été déclarée exécutoire par provision et nonobstant appel; qu'il y est dit, en outre, qu'elle ne sera point signifiée aux créanciers, en sorte qu'il n'appert que le délai de l'appel pour faire réformer l'ordonnance ait commencé à courir; qu'en cet état, le receveur général du département du Rhône ayant refusé d'optempérer à ladite ordonnance, à raison de l'absence des conditions exigées par l'article 548 Cod. proc. civ., un jugement rendu en état de référé le 2 janvier 1856 par le tribunal civil de Lyon a décidé qu'il y serait contraint et l'a condamné aux dépens; — En quoi ledit tribunal a formellement violé les articles 548 et 550 du Code de procédure civile;

Par ces motifs, casse, etc.

ARRÊT DE LA COUR DE BORDEAUX

DU 9 DÉCEMBRE 1858

relatif à l'exécution des jugements par les tiers.

La Cour,

Attendu que, dans le cas prévu par l'article 548 du Code de procédure civile les formalités exigées se combinent et s'expliquent l'une par l'autre; qu'ainsi, le certificat de l'avoué de la partie poursuivante a pour objet de faire connaître la date de la signification du jugement au domicile de la partie condamnée, c'est-à-dire la date de l'acte qui fait courir le délai d'appel; que l'attestation du greffier doit ensuite constater qu'il n'existe effectivement pas d'appel contre le jugement; mais que la première de ces formalités serait sans motif si elle n'avait pas pour but de fixer le moment où la seconde peut intervenir utilement, c'est-à-dire après l'expiration du délai d'appel; qu'en d'autres termes, le certificat de l'avoué fait connaître quand le délai de l'appel devra expirer, afin que l'attestation du greffier, constatant qu'il n'y a pas d'appel, soit requise en un temps où il n'y a plus d'appel possible;

Confirme, etc.

ARRÊT DE LA COUR DE CASSATION

(Chambres réunies)

DU 13 JANVIER 1859

relatif à l'exécution des jugements par les tiers.

La Cour,

Vu les articles 548, 549 et 550 du Code de procédure civile;

Attendu que l'article 548 du Code de procédure civile pose une règle générale, qui s'applique à la fois aux tribunaux civils et aux tribunaux de commerce; que c'est ce qui résulte, soit de la place de cet article, qui est compris sous la rubrique : *Règles générales sur l'exécution forcée, des jugements et actes,* soit de cette circonstance que les articles qui le précèdent ou qui le suivent, notamment les articles 545, 546, 547, 552, 555, sont évidemment obligatoires non seulement pour les tribunaux civils, mais encore pour les tribunaux consulaires; que même l'article 553 porte une disposition spéciale aux tribunaux de commerce, ce qui prouve encore plus que le titre III du livre V du Code de procédure, général dans son ensemble, a eu pour but de régler l'exécution de tous les jugements rendus par les tribunaux inférieurs;

Attendu que, s'il en était autrement, on ne trouverait dans la loi aucune précaution pour préserver le tiers de l'exécution des jugements consulaires, puisque l'article 548 est celui qui leur donne la garantie dont ils ont besoin; qu'on ne saurait supposer que le législateur soit tombé dans une si grave et si dommageable omission;

Attendu que, s'il est vrai que l'article 548 domine l'exécution des jugements consulaires en tant qu'il pose le principe protecteur du droit des tiers, on ne saurait admettre qu'on doive écarter celles des dispositions des mêmes articles qui organisent ce principe; qu'il doit être pris dans son ensemble, c'est-à-dire et dans la règle fondamentale qu'il édicte, et dans la procédure qu'il prescrit, sauf les différences résultant du mode exceptionnel de procéder dans les matières commerciales;

Attendu qu'on ne saurait conclure, de ce que le ministère des avoués n'est pas admis dans ces mêmes matières, que ce qui, d'après l'article 548, doit se faire au greffe avec le concours de ces officiers ministériels dans les causes civiles soit inexécutable en ce qui concerne les jugements consulaires, et doive être rejeté pour faire place à une procédure arbitraire et dispendieuse qui ne repose sur aucune disposition légale; qu'il faut, au contraire, en tirer cette unique conséquence que les parties à qui la loi interdit de se faire représenter par des avoués doivent exécuter par elles-mêmes ou par un fondé de pouvoir, les mesures portées dans l'article 548 et dans l'article 549, qui en est le complément; que cette substitution de la partie à l'avoué est de règle et de pratique constante dans tous les cas analogues où des articles du Code de procédure civile doivent être étendus aux matières de commerce; qu'il n'y a rien d'exorbitant à faire peser cette obligation sur les parties, puisque, présumées capables de veiller à leurs intérêts, en vertu du système de la loi commerciale, on ne fait qu'exiger d'elles des actes conservatoires de leurs droits, actes qui ne sont que le corollaire soit de la volonté d'exécuter de la part du poursuivant, soit de l'opposition ou de l'appel émanés de la partie poursuivie; actes enfin qui se résolvent dans la simple remise au greffier du tribunal de commerce, ici de l'exploit de signification du jugement, là de l'exploit d'opposition ou d'appel;

Attendu qu'en jugeant le contraire, la cour impériale de Rouen, par l'arrêt attaqué, a formellement violé tant les principes de la matière que les articles ci-dessus visés;

Cassé, etc.

ARRÊT DE LA COUR DE PARIS

DU 11 JUIN 1861

relatif à l'exécution du jugement par les tiers.

La Cour,

Considérant que la question soulevée dans la cause est celle de savoir si les tiers sont tenus d'exécuter par provision les ordonnances de référé, comme les parties elles-mêmes, ou si, au contraire, ils peuvent se prévaloir des dispositions de l'article 548 du Code de procédure civile, qui ne les oblige à exécuter les jugements qu'autant qu'il leur est justifié de non-appel ou opposition;

Considérant que ce dernier système a été accueilli par la jurisprudence, celle-ci se fondant sur le texte de l'article 548, sur la place qu'il occupe dans le Code, sur l'assimilation qu'il contient entre toute exécution par un tiers et une radiation d'inscription hypothécaire, laquelle ne peut être le résultat d'une exécution provisoire;

Considérant, en outre, que la situation des tiers vis-à-vis des ordonnances ou jugements est toute différente de celle des parties; qu'étrangers aux débats dont les jugements sont le résultat, ils avaient droit à se voir tracer une règle d'exécution simple et unique qui déterminât leurs devoirs et limitât leur responsabilité; que l'article 548, le seul qui s'occupe d'eux, a indiqué les précautions qu'ils avaient à prendre pour exécuter sans péril les ordonnances et jugements;

Considérant que tout le bénéfice de cette disposition s'effacerait si l'on admettait que là n'est pas toute la volonté de la loi en cette matière, et qu'il faut encore rechercher ailleurs des obligations et des devoirs pour les tiers relativement à l'exécution des jugements; que l'article 548 est utile et protecteur, précisément parce qu'il est limitatif et qu'il détermine les moyens spéciaux à l'aide desquels les tiers peuvent et doivent mettre à l'abri leur responsabilité;

Considérant que l'interprétation donnée sur la question par la jurisprudence est ainsi protectrice pour les tiers, mais qu'elle l'est aussi pour les intérêts des parties elles-mêmes;

Si l'on admettait l'exécution par les tiers des jugements et ordonnances en dehors des précautions prescrites par l'article 548, il arriverait que les tiers pourraient exécuter non seulement les jugements et ordonnances attaqués par opposition ou appel, mais même ceux qui auraient été mis à néant sur lesdits appel ou opposition; en effet, les parties en cause connaissent l'issue du recours formé contre les jugements, et elles peuvent ainsi se refuser à l'exécution des décisions réformées; mais il n'en est point ainsi des tiers, qui, étrangers à la procédure suivie entre les intéressés, sont nécessairement dans l'ignorance et des oppositions ou appels et des réformations qui ont pu en résulter;

Considérant que des inconvénients aussi graves doivent faire maintenir sans hésiter la règle générale posée par l'article 548;

Qu'en présence de l'extension toujours plus grande que prennent les mesures provisoires, il importe d'en restreindre les conséquences extrêmes et dangereuses, d'empêcher qu'elles ne finissent par absorber le fond du droit et par faire disparaître les garanties indispensables de la procédure;

Reçoit l'appel, etc.

ARRÊT DE LA COUR DE CASSATION
DU 12 NOVEMBRE 1877

relatif à la dispense de contre-dénonciation des oppositions.

. . . . . .Sur le moyen pris de la violation des articles 563 à 565 du Cod. proc. civ., 1382 et 1142 Cod. civ. et de la fausse application du décret du 18 août 1807; — Attendu que les saisies-arrêts formées entre les mains des représentants du Trésor public sont régies par une législation spéciale remontant aux décrets des 14 février 1792 et 30 mai 1793 et confirmée par le décret du 18 août 1807;

Que si cette législation ne touche pas aux rapports du saisissant avec le débiteur saisi, réglés par le Code de procédure civile, elle se suffit à elle-même en ce qui concerne les formalités à remplir entre le saisissant et le Trésor public; qu'on lit dans le préambule du décret de 1807 « qu'il a pour but de réunir toutes les dispositions relatives à cet objet et que les lois de 1792 et 1793 sont toujours en vigueur, à l'exception des dispositions du Code de procédure civile qui portent nominativement sur les saisies signifiées aux administrations publiques et qui se bornent aux deux articles 561 et 569 ; qu'ainsi le décret exclut formellement l'application des articles 564 et 565 invoqués par le pourvoi;

Attendu, d'ailleurs, que, dans la procédure prescrite par la loi du 14 février 1792, il n'y avait aucune place pour une contre-dénonciation au Trésor, laquelle serait encore aujourd'hui inutile et frustratoire en présence de l'article 9 du décret de 1807 ;.....

ARRÊT DE LA COUR DE CASSATION
DU 10 JUILLET 1883

déclarant que les retenues opérées en vertu d'oppositions, sur les pensions de retraite et sur les traitements de la Légion d'honneur ne sont pas soumises à la consignation d'office.

La Cour,

Sur le moyen unique du pourvoi;

Vu l'article 1er de l'ordonnance du 16 septembre 1837 ;

Attendu que cet article par son paragraphe 1er ordonne aux payeurs, agents ou préposés de l'État, de déposer d'office à la Caisse des dépôts et consignations la partie saisissable des appointements et traitements civils et militaires saisis-arrêtés entre leurs mains; que cette mesure exceptionnelle doit être limitée aux créances ainsi désignées dans l'ordonnance, le même article ajoutant que toutes autres sommes ordonnancées ou mandatées sur la caisse desdits payeurs, et saisies-arrêtées entre leurs mains ne doivent, suivant le droit commun, être consignées qu'en vertu d'une loi, d'un ordre de justice ou d'une convention entre l'administration et les créanciers; — Attendu que les termes de cette disposition désignent exclusivement les traitements dont une portion peut être l'objet d'une saisie-arrêt ou opposition à la requête de tout créancier; qu'elle est par cela même, inapplicable aux pensions de retraite militaire, qui, déclarées insaisissables par la loi du 22 floréal an VII et l'arrêté du 7 thermidor an X diffèrent essentiellement des traitements et des appointements au point du vue de la comptabilité et des droits des tiers; qu'elle est également inapplicable aux allocations de la Légion d'honneur, qui sont désignées sous la dénomination de pensions par le décret du 16 mars 1852 et qui sont assimilées, sous le rapport de l'insaisissabilité, aux pension de retraite militaire, par l'avis du Conseil d'État du 2 février 1808 que, dès lors, en décidant que C....., aurait dû consigner d'office les sommes réclamées par les héritiers M...... comme formant le solde d'une pension de retraite militaire et d'une pension de la Légion d'honneur, et que, pour ne l'avoir point fait, il était condamné à leur payer ces sommes, le jugement attaqué a faussement appliqué, et par suite violé la disposition de la loi susvisée;

Casse, etc.

ARRÊT DE LA COUR DE CASSATION

DU 24 DÉCEMBRE 1883

refusant à une femme, contre laquelle la séparation de corps a été prononcée le droit de saisir la pension de retraite militaire de son mari, pour dette alimentaire.

La Cour,

Sur le premier moyen pris de la violation de l'article 28 de la loi du 11 avril 1831;

Attendu qu'il est constaté par l'arrêt attaqué, et non contesté par la dame G....., que la séparation de corps a été prononcée contre elle à la requête de son mari, officier retraité depuis;

Attendu que, dans cette situation, il n'échet de décider, si l'article 28 de la loi du 11 avril 1831, dont le texte n'autorise la saisie des pensions militaires de retraite, que dans les circonstances prévues par les articles 203 et 205 du Code civil, est rigoureusement limitatif, ou si, par un emprunt à l'article 20 de la loi du 19 mai 1834 sur les pensions de réforme, ce visa doit être complété par celui de l'article 214 du Code civil;

Attendu, en effet, que l'article 214, spécial au cas où les obligations procédant du mariage n'ont subi aucune modification légale, est bien distinct du cas de séparation;

Attendu que, d'après le droit commun, la femme, qui a obtenu la séparation, trouve dans l'article 301 du Code civil le principe d'une créance survivant même au décès du mari, mais que, pour allouer à la femme coupable un secours purement alimentaire, la jurisprudence n'a pu trouver de base que dans la généralité de l'article 214;

Attendu, d'autre part, que bien loin de se montrer plus favorables aux femmes séparées, les lois militaires, quand il s'agit du droit des veuves à la réversibilité d'une partie des traitements ou pensions, réservaient cette prérogative aux femmes qui n'avaient pas cessé d'être protégées par l'article 214; qu'elles repoussaient indistinctement toutes les autres, malgré les articles 301 et 1518 du Code civil, et que la réforme du 25 juin 1861, n'a réhabilité que celles au profit desquelles la séparation aurait été prononcée;

Attendu que, dès lors, ni le texte ni l'esprit des lois spéciales n'autorisent la prétention de la dame G..... de faire valider une saisie-arrêt sur la pension de retraite de son mari;

Par ces motifs,

Rejette; etc.

ARRÊT DE LA COUR DE CASSATION

DU 25 MARS 1885

sur les effets d'une cession signifiée antérieurement à des oppositions.

La Cour,

Sur le moyen pris de la violation des articles 1242, 1257, 1690 du Code civil et 557 du Code de procédure;

Attendu qu'il résulte de l'article 1690 du Code civil, que le cessionnaire qui a fait signifier au débiteur le transport à lui consenti, est saisi à l'égard des tiers de la propriété de la créance; que par l'effet et au moment même de la signification, la créance sort du patrimoine du cédant et cesse d'être le gage de ses créanciers; qu'il suit de là que les oppositions pratiquées entre les mains du débiteur par les créanciers du cédant, après la signification de la cession, ne peuvent frapper la créance qui a cessé d'appartenir à leur débiteur; que, dès lors, le débiteur ne détenant plus la créance pour le compte du cédant, ne peut se prévaloir de ces oppositions, ni en exiger la mainlevée; qu'il doit payer entre les mains du cessionnaire, dont il est devenu le débiteur personnel et dont le titre n'est l'objet d'aucune contestation;

Attendu, en conséquence, qu'en décidant que la compagnie « l'Abeille » à laquelle V...... avait signifié avant toute opposition, la cession que lui avait consentie T..... de la créance par elle due à ce dernier, n'avait pu, sous prétexte d'opposition pratiquée par les créanciers du cédant, postérieurement à la signification, et en l'absence de toute attaque contre la cession, se refuser au payement réclamé par le cessionnaire, l'arrêt attaqué, loin de violer les articles visés par le pourvoi, n'a fait qu'une juste application de l'article 1690 du Code civil;

Rejette, etc.

ARRÊT DE LA COUR DE CASSATION

DU 4 MARS 1889

relatif au privilège des sous-traitants des fournisseurs de la Guerre.

La Cour,

Attendu que la loi du 26 pluviôse an II établit et règle exclusivement le privilège des ouvriers et fournisseurs des entrepreneurs des travaux faits ou à faire pour le compte de la nation, et n'accorde ce privilège, que sur le prix de ces travaux encore dû, sans le faire porter sur le cautionnement fourni à l'État par l'entrepreneur; que le décret du 12 décembre 1806, uniquement relatif aux fournitures faites pour le service de la guerre, attribue, au contraire, aux sous-traitants, préposés ou agents de l'entrepreneur de fournitures, un privilège qui s'étend non seulement sur le prix dû par l'État, mais encore sur le cautionnement de l'entrepreneur.

Attendu que les fournitures sont toute autre chose que les travaux publics, et que nos lois, et en particulier les décrets de l'an II et de 1806, ont toujours établi une distinction entre les entreprises de travaux publics et les entreprises de fournitures;

Attendu que l'arrêt attaqué, après avoir constaté, en fait, que les entreprises dont J. R..... était resté adjudicataire, avaient eu pour objet des travaux publics à exécuter pour le compte de l'État, a cependant déclaré que, relativement à certaines de ces entreprises, le privilège des ouvriers ou fournisseurs qui y avaient concouru, portait sur les cautionnements afférents à ces entreprises, et qu'en conséquence, les cessions faites à des tiers par J. R..... sur ces cautionnements, ne pouvaient avoir aucun effet à l'égard de ces ouvriers et fournisseurs; que pour le décider ainsi, cet arrêt s'est fondé sur ce que les travaux compris dans ces dernières entreprises avaient été exécutés pour le service de la guerre, et que, d'ailleurs, par une clause des divers cahiers des charges, les cautionnements avaient été affectés à la garantie des engagements de l'entrepreneur tant envers l'État qu'envers les ouvriers et fournisseurs;

Mais, attendu que les privilèges sont de droit étroit et attachés à la qualité ou à la nature de la créance; qu'ils ne peuvent, dès lors, exister sans une disposition expresse de la loi, ni résulter, soit d'une convention, soit d'une clause du cahier des charges imposé à l'entrepreneur; d'où il suit, qu'en statuant ainsi qu'il l'a fait, l'arrêt attaqué a violé les dispositions de la loi du 26 pluviôse an II et les articles 2094, 2095 du Code civil, et a faussement appliqué le décret de 1806, ci-dessus visé...

Casse...

JUGEMENT DU TRIBUNAL CIVIL DE CAEN
DU 27 JUILLET 1891

autorisant la femme d'un militaire, au profit de laquelle la séparation de corps a été prononcée, à saisir-arrêter la pension de retraite de son mari, pour avoir payement d'une pension alimentaire.

Le Tribunal,

Attendu que c'est à tort que S......, ancien militaire retraité, invoque les dispositions de l'article 28 de la loi du 11 avril 1831, sur les pensions de l'armée de terre, pour contester d'une façon absolue à sa femme séparée de corps le droit de faire saisir-arrêter sa pension;

Attendu que déjà, sous l'empire de cette loi, on comprenait difficilement que la pension d'un ancien militaire pût être saisie à concurrence du tiers pour assurer des aliments à son fils, à son père ou à sa mère, et que l'épouse seule, si malheureuse qu'on pût la supposer, n'eût aucun moyen d'obtenir le secours auquel elle avait droit; qu'une différence si choquante était d'autant plus inexplicable, que la femme, associée plus étroitement à la vie de son mari, avait, en quelque sorte, un droit acquis au partage de cette pension, et ne pouvait sans injustice en être privée, quand la séparation de corps était prononcée à son profit.

Attendu que l'article précité de la loi de 1831, est abrogé par la loi (le décret) du 31 mai 1862, portant règlement général sur la comptabilité publique qui statue, ainsi qu'il suit, dans son article 268 : « Les pensions militaires et leurs arrérages ne sont saisissables que dans le cas de débet envers l'État, ou dans les circonstances prévues par les articles 203, 205 et 214 du Code civil. Dans ces deux cas, les pensions militaires sont passibles de retenues qui ne peuvent excéder le cinquième de leur montant, pour cause de débet et le tiers pour aliments. »

Attendu que ce texte est la reproduction exacte de l'article 28 de la loi du 11 avril 1831, dans lequel on a ajouté uniquement aux articles 203 et 205, seuls visés par l'ancienne loi, l'article 214, afin de faire cesser l'anomalie si vivement et si justement critiquée;

Attendu que la loi de 1831, rigoureuse contre la femme séparée de corps, statuait ainsi dans son article 20 : « En cas de séparation de corps, la veuve d'un militaire ne peut prétendre à aucune pension »; que cette disposition avait été corrigée par la loi du 25 juin 1861, dont l'article 6 est ainsi libellé : « En cas de séparation de corps, la femme contre laquelle elle a été admise, ne peut prétendre à la pension de veuve »; que la loi de 1861 précitée, a pour but de mettre l'harmonie complète dans la

législation, en donnant à l'épouse victime des torts de son mari, la possi-
bilité de rendre efficaces les condamnations pécuniaires destinées à assurer
son existence;

Attendu que tel est le cas de la dame S......, qui a obtenu contre son
mari la séparation, et n'a pratiqué la saisie-arrêt que pour assurer le
payement de la pension alimentaire à laquelle il avait été condamné;

Attendu, néanmoins, qu'elle a eu tort de saisir la pension pour le tout,
quand la loi lui permettait seulement de la saisir pour un tiers; que cette
circonstance ne doit pas donner ouverture, contre elle, à des dommages-
intérêts, mais doit avoir pour conséquence de mettre à sa charge une
partie des dépens;

Par ces motifs;

Déclare régulière et valable la saisie-arrêt pratiquée par la dame S.....
à la date du 24 mai 1890;

Dit que cette saisie-arrêt produira effet à concurrence du tiers de la
pension militaire du sieur S......

ARRÊT DE LA COUR DE CASSATION

DU 9 AOÛT 1892

*relatif à la péremption quinquennale des oppositions
pratiquées sur les cautionnements en numéraire.*

La Cour,

Sur le moyen unique du pourvoi :

Vu l'article 14 de la loi du 9 juillet 1836;

Attendu, en droit, que la disposition susvisée s'applique indistinctement
à toute somme due par le Trésor public, ce qui comprend les cautionnements dont le Trésor est dépositaire; que cette conséquence se tire, non
seulement du texte de cette disposition, mais encore de l'article 16 de la
même loi, qui autorise le Trésor à verser à la Caisse des dépôts et consignations, les cautionnements non réclamés par les titulaires qui ont cessé
leurs fonctions et de l'article 11 de la loi du 8 juillet 1837, qui déclare
l'article 14 de la loi du 9 juillet 1836 applicable à tous actes, ayant pour
objet d'arrêter le payement des sommes versées, à quelque titre que ce
soit, à ladite caisse;

Attendu que, si l'article 13 de la loi du 9 juillet 1836, après avoir
désigné les personnes, entre les mains desquelles pourront être formées
les saisies-arrêts sur les sommes dont le Trésor est débiteur, ajoute qu'il

n'est pas dérogé aux lois relatives aux oppositions à faire sur les intérêts et capitaux des cautionnements, cette réserve ne s'applique qu'à la disposition dudit article 13 et n'a d'autre but que de maintenir les lois antérieures, en ce qu'elles permettaient de saisir-arrêter les cautionnements entre les mains des greffiers; qu'elle ne saurait s'étendre à la disposition de l'article 14 qui règle une matière toute différente;

Attendu d'ailleurs que la péremption de cinq ans, établie par ledit article 14 pour toutes saisies-arrêts sur les sommes dues par le Trésor, est nécessairement opposable, non seulement par l'État, mais par les tiers, quels qu'ils soient, cessionnaires ou créanciers, qu'en effet, la loi ne fait aucune distinction; qu'elle porte que les saisies-arrêts dont s'agit, n'auront d'effet que pendant cinq années à compter de leur date, et ajoute que les saisies périmées par ce laps de temps, seront rayées d'office des registres dans lesquels elles auraient été incrites, et ne seront pas comprises dans les certificats délivrés aux tiers requérants; que ces termes sont généraux et absolus et ne permettent pas de maintenir à l'égard de la partie saisie, une saisie-arrêt annulée à l'égard du tiers saisi;

Et attendu qu'il est constaté, en fait, par l'arrêt attaqué, que G. R..... a fait au Trésor public, à Paris, sur le cautionnement de C....., alors notaire, une saisie-arrêt en date du 27 février 1880, et qu'il n'avait pas fait renouveler ladite saisie, lorsque le cautionnement dont il s'agit a été cédé par C..... à L....., par acte sous seings privés enregistré le 1er février 1886; que dès lors, en validant la saisie-arrêt quoiqu'elle fut périmée, l'arrêt attaqué a violé la disposition susvisée;

Casse, etc.

ARRÈT DE LA COUR DE CASSATION

DU 17 FÉVRIER 1896

*déterminant les effets d'une cession
dont la signification est antérieure à des oppositions.*

La Cour,

Sur le moyen unique tiré de la violation de l'article 9 du décret du 18 août 1807, de l'article 1242 du Code civil et fausse application de l'article 1690 du Code civil;

Attendu qu'il résulte de l'article 1690 du Code civil que le cessionnaire qui a fait signifier au débiteur le transport à lui consenti est saisi à l'égard des tiers de la propriété de la créance; que, par l'effet et au moment même de la signification, la créance sort du patrimoine du cédant et cesse d'être le gage de ses créanciers; qu'il suit de là que les oppositions pratiquées entre les mains du débiteur par les créanciers du cédant, après la signification de la cession, ne peuvent frapper la créance qui a cessé d'appartenir à leur débiteur;

Que dès lors, le débiteur, ne détenant plus la créance pour le compte du cédant, ne peut se prévaloir de ces oppositions, ni en exiger la mainlevée; qu'il doit payer entre les mains du cessionnaire dont il est devenu le débiteur personnel et dont le titre n'est l'objet d'aucune contestation;

Attendu que les règles qui précèdent et qui ne sont qu'une exacte application de l'article 1690 du Code civil, n'ont reçu aucune atteinte du décret du 18 août 1807 invoqué par le pourvoi;

D'où il suit que le jugement attaqué n'a violé aucune loi en déclarant que c'était à tort que, dans les circonstances de la cause, le Trésorier-Payeur général de la Manche s'était refusé, en raisons d'oppositions postérieures à la notification de la cession, au payement des sommes cédées;

Par ces motifs,

REJETTE, etc.

ARRÊT DE LA COUR DE CASSATION
DU 11 MAI 1896

relatif à la signification des oppositions sur salaires et petits traitements, entre les mains des comptables, sur la caisse desquels les ordonnances ou mandats sont délivrés.

LA COUR,

Statuant sur le pourvoi formé par M. le Procureur général dans l'intérêt de la loi contre un jugement rendu le 4 avril 1895 par le juge de paix de Montlouis :

Vu les articles 13 de la loi du 9 juillet 1836; 148, 352 à 357 du décret du 31 mars 1862; 6, § 3 et 17, de la loi du 12 janvier 1895;

Attendu qu'aux termes de l'article 13 de la loi du 9 juillet 1836, toute saisie-arrêt sur des sommes dues par l'État doit, à peine de nullité, être faite entre les mains des payeurs, agents ou préposés sur la caisse desquels les ordonnances ou mandats sont délivrés;

Attendu que l'article 352 du décret du 31 mai 1862, portant règlement général sur la comptabilité publique, dispose que le payement des ordonnances et mandats délivrés sur les caisses des payeurs est effectué, dans chaque département, par un payeur unique, qui est le Trésorier-

Payeur général; d'où il suit que ce dernier a seul qualité pour recevoir la signification des oppositions formées sur les traitements des fonctionnaires publics qu'il est chargé de payer;

Attendu qu'il n'a pas été dérogé à cette disposition par l'article 6, § 3, de la loi du 12 janvier 1895, qui permet de signifier l'exploit de saisie-arrêt au représentant du tiers saisi, dans le lieu où travaille le débiteur saisi;

Attendu, en effet, que le trésorier général peut seul, et à l'exclusion des comptables placés sous ses ordres, être considéré comme représentant de l'État, tiers saisi, préposé à ce titre au payement des appointements des fonctionnaires publics dans toute l'étendue du département; qu'il est seul investi, par l'article précité du décret du 31 mai 1862, de la qualité légale de payeur; que, dès lors, il appartient à lui seul de régler la somme qui doit être tenue à la disposition de chaque partie ayant des droits à faire valoir sur le montant du mandat délivré par l'ordonnateur; qu'enfin il est seul responsable devant la Cour des comptes de la régularité du payement et de celle des pièces justificatives;

Attendu que, si l'article 354 du décret du 31 mai 1862 oblige les receveurs des finances, les percepteurs et autres receveurs des revenus publics à participer, sur les fonds de leurs caisses et pour le compte du payeur au payement des dépenses pour lesquelles leur concours est jugé nécessaire, cette coopération ne saurait les faire considérer ni comme les mandataires directs de l'État, ni comme les mandataires substitués par le Trésorier-Payeur général, mais seulement comme de simples agents d'exécution auxiliaires de ce dernier; qu'il ne leur est permis d'effectuer des payements que sur un mandat revêtu d'un *vu bon à payer*, apposé par le payeur; que ce visa, sans pouvoir jamais être conditionnel, doit énoncer la somme à verser; que les comptables inférieurs sont sans droit pour en modifier le chiffre, sous quelque prétexte que ce soit, leur mission étant restreinte à l'opération matérielle du versement des espèces et leur responsabilité bornée à la vérification de l'identité de la partie prenante et à la régularité de l'acquit donné par elle; qu'ils ne sauraient donc utilement recevoir la signification d'une saisie-arrêt, ni en assurer l'efficacité, puisque, d'une part, il ne leur appartiendrait pas d'opérer une retenue sur la somme qu'ils sont chargés de verser et que, d'autre part, le mandat assigné sur leur caisse demeure toujours payable à celle du trésorier général et, dans certains cas, chez plusieurs d'entre eux; au choix de la partie prenante;

Attendu qu'en décidant que la saisie-arrêt pratiquée sur les appointements de l'instituteur P..... avait été valablement signifiée au percepteur

des Contributions directes, le jugement attaqué a violé les articles 13
de la loi du 9 juillet 1836 et 6, § 3, de la loi du 12 janvier 1895, et
faussement appliqué l'article 17 de cette dernière loi;

Par ces motifs,

Casse, dans l'intérêt de la loi, le jugement rendu le 4 avril 1895 par
le juge de paix du canton de Montlouis.

ARRÊT DE LA COUR D'APPEL D'ANGERS

DU 21 DÉCEMBRE 1897

*qui décide que la saisie des pensions de retraite n'est pas régie
par la loi du 12 janvier 1895.*

La Cour,

Sur l'exception proposée par l'appelant pour la première fois devant
la Cour, et tirée de la loi du 12 janvier 1895 :

Attendu que P... n'est ni artisan, ni employé; qu'il prend lui-même
dans la procédure la qualité de propriétaire;

Attendu, d'autre part, que la saisie-arrêt dont il s'agit au procès, ne
frappe ni un traitement, ni des salaires, mais frappe d'une manière
générale toutes sommes que peut devoir le tiers saisi, pour quelque
cause que ce soit;

Attendu que la loi susvisée est une dérogation au droit commun; que
ses dispositions ne peuvent pas être étendues; qu'en conséquence, si, en
fait, la saisie-arrêt ne devait frapper que les arrérages de la pension
servie à P... par la Banque de France, ce qui ne pourra être vérifié
que par la déclaration du tiers saisi, la saisie de cette pension ne pourrait
être régie par les dispositions exceptionnelles de la susdite loi;

Par ces motifs,

Déclare l'appelant mal fondé dans son exception, etc.

JUGEMENT DU TRIBUNAL DE LA SEINE

DU 18 MAI 1898

*relatif au droit de la femme séparée de corps, de faire opposition
sur la pension de retraite militaire de son mari, pour dette alimentaire.*

Le Tribunal,

Attendu que, pour demander la mainlevée de l'opposition, D....,
invoque les dispositions de l'article 28 de la loi du 4 avril 1831, aux
termes duquel les pensions militaires sont incessibles et insaisissables,

excepte dans le cas de débet envers l'État ou dans les circonstances prévues par les articles 203 et 205 C. civ., c'est-à-dire lorsqu'il s'agit des aliments que se doivent réciproquement les ascendants et les descendants; que D..... prétend que cette énonciation est rigoureusement limitative et que les exceptions admises par l'article susvisé ne peuvent être étendues au cas de l'obligation alimentaire du mari vis-à-vis de la femme;

Mais attendu que l'article dont s'agit a été modifié par l'article 20 de la loi du 19 mai 1834 sur l'état des officiers ainsi conçu : « Les pensions de réforme comme les pensions de retraite sont incessibles et insaisissables, excepté dans le cas de débet envers l'État ou dans les circonstances prévues par les articles 203, 205 et 214 C. civ. »;

Attendu que cet article, assimilant les pensions de retraite et les pensions de réforme, a établi pour ces deux catégories de pensions une troisième dérogation au principe de l'insaisissabilité, ladite dérogation basée sur l'article 214 C. civ. qui impose l'obligation alimentaire du mari envers sa femme; qu'on objecte, il est vrai, que le texte ci-dessus rappelé, en raison même de sa rédaction, doit être ainsi interprété qu'il assimile seulement les pensions de retraite et les pensions de réforme au point de vue de l'insaisissabilité, mais que cette assimilation ne va pas plus loin et qu'elle n'apparaît plus lorsqu'il s'agit des exceptions qu'il y a lieu d'apporter à l'insaisissabilité; que la troisième dérogation n'est spéciale qu'aux pensions de réforme, et qu'ainsi l'article 28 de la loi de 1831 n'a pas subi de modification;

Mais, attendu, d'une part, que les termes de l'article 20 de la loi du 19 mai 1834 n'imposent pas une semblable interprétation;

Que, d'autre part, les pensions de retraite et de réforme présentent le même caractère, et qu'il convient, dès lors, d'admettre que le législateur de 1834, en les réunissant dans un même texte, a entendu appliquer à l'une et à l'autre les mêmes dérogations au principe d'insaisissabilité;

Attendu, enfin, que l'article dont s'agit a été compris et interprété dans ce sens par l'ordonnance de 1838 et le décret de 1862, portant règlement général sur la comptabilité publique et qui ont été édictés en vue d'assurer, notamment, l'application de la loi de 1834;

Que l'article 268 du décret du 31 mai 1862, reproduisant l'article 232 de l'ordonnance du 31 mai 1838, ne fait aucune distinction entre les pensions de retraite et les pensions de réforme qu'il confond dans une même appellation, et qu'il est ainsi conçu : « Les pensions militaires et leurs arrérages ne sont saisissables que dans le cas de débet envers l'État ou dans les circonstances prévues par les articles 2o3, 2o5 et 214 C. civ. ; que, dans ces deux cas, les pensions militaires sont passibles de retenues qui ne peuvent excéder le cinquième de leur montant pour cause de débet, et le tiers pour cause d'aliments;

Qu'il est donc établi que la femme du militaire jouissant d'une pension de retraite peut, dans le cas de l'article 214 et dans la limite du tiers, saisir-arrêter la pension de son mari, et qu'il échet maintenant de rechercher si la dame D....., séparée de corps, peut trouver un appui dans cette disposition de la loi pour justifier l'opposition qu'elle a formée; que D.... prétend que l'article 214 est spécial au cas où les obligations du mariage n'ont subi aucune modification légale; que, si la femme abandonnée par son mari peut en invoquer le bénéfice, et, nantie d'une décision de justice, frapper ultérieurement de saisie-arrêt la pension de retraite de son mari, il n'en saurait être de même de la femme séparée de corps, qui ne puise son droit de créance alimentaire que dans l'article 3o1 C. civ.; que la loi de 1834 ne vise pas ce dernier article, et qu'ainsi il n'a pas été dérogé au principe de l'insaisissabilité des pensions de retraite en faveur d'un droit de créance constitué par application d'un autre article, l'article 214;

Mais attendu que l'article 214 C. civ. comprend, parmi les obligations du mari, le devoir de fournir à sa femme ce qui lui est nécessaire pour les besoins de l'existence, et que cette prescription survit à la séparation de corps;

Attendu, en effet, que la conséquence principale de cette situation est de dispenser les époux de demeurer ensemble, mais que, le lien conjugal n'étant nullement dissous, les devoirs attachés essentiellement à la qualité d'époux subsistent toujours; que c'est comme épouse et en raison de ceux des devoirs du mariage qui incombent encore au mari, que la femme séparée peut réclamer des secours à ce dernier; que, dès lors, l'article 214, en tant qu'il impose l'obligation alimentaire au mari, n'est pas touché par la séparation de corps, et qu'il doit continuer à s'appliquer de telle sorte que la femme, séparée comme non séparée, peut y puiser le droit à une pension alimentaire contre son mari; que c'est donc par une juste appréciation de la loi du 19 mai 1834 que la dame D...... a formé une saisie-arrêt sur la pension de retraite de son mari pour l'exécution de l'obligation alimentaire résultant du jugement du 29 octobre 1891; qu'il y a lieu, dès lors, de valider ladite opposition, mais dans la proportion d'un tiers seulement de la pension de retraite, soit 279 francs;

Par ces motifs,

Dit et juge que l'article 28 de la loi du 4 avril 1831 a été modifié par l'article 20 de la loi du 19 mai 1834, qui, assimilant les pensions de réforme et les pensions de retraite, les déclare saisissables jusqu'à concurrence d'un tiers pour cause d'aliments dans les cas prévus par les articles 203, 205 et 214 C. civ.;

Dit que la femme séparée de corps peut puiser son droit de créance alimentaire contre son mari dans l'article 214 C. civ., et que la loi du 19 mai 1834 est dès lors applicable;

Valide, en conséquence, la saisie-arrêt faite à la date du 2 mai 1896 par la dame D...., entre les mains de M. le Ministre des finances sur la pension de retraite de D...., dans la proportion du tiers de ladite pension.

ARRÊT DE LA COUR DE CASSATION
DU 27 DÉCEMBRE 1898

relatif à la signification des cessions sur les salaires et petits traitements.

La Cour,

Statuant sur les deux moyens réunis;

Attendu que, si la loi du 12 janvier 1895 organise une procédure spéciale, que doit suivre le créancier qui veut pratiquer une saisie-arrêt sur le dixième saisissable, soit des salaires des ouvriers et gens de service, quel que soit le montant de ces salaires, soit des appointements ou traitements des employés, commis ou fonctionnaires, lorsqu'ils ne dépassent pas 2,000 francs par an, et si elle n'autorise la cession de ces mêmes salaires, appointements ou traitements que jusqu'à concurrence d'un autre dixième, elle n'apporte aucune modification au droit commun, en ce qui concerne la signification du transport et le jugement des contestations relatives à la validité et aux effets de la cession elle-même;

Attendu, en fait, que des qualités du jugement attaqué, il résulte que la Compagnie d'assurances « l'Espérance », se prétendant cessionnaire du dixième libre des salaires de l'ouvrier L., a signifié son titre au patron de cet ouvrier, la Compagnie des mines de Malfidano, que L. a requis du greffier de la justice de paix de son domicile, en exécution de l'article 9 de la loi du 12 janvier 1895, la convocation des intéressés devant le juge de paix, et que ce magistrat a annulé la signification faite par la Compagnie « l'Espérance », faute par celle-ci, d'avoir soumis au visa préalable du greffier, le titre sous seing privé en vertu duquel elle agissait, ainsi que l'article 6 de la loi susvisée y oblige le créancier saisissant;

Attendu, dans ces circonstances, qu'en déclarant, sur l'appel de la Compagnie « l'Espérance », que la signification qu'elle avait faite de la cession que lui avait consentie L., n'était pas soumise à la formalité du visa; et que la voie suivie par le débiteur rendait le juge de paix incompétent, pour statuer sur toutes autres difficultés, qui pouvaient diviser les parties, ledit jugement, d'ailleurs motivé, n'a violé aucun des articles visés au pourvoi;

Rejette, etc.

ARRÊT DE LA COUR DE RENNES

DU 15 AVRIL 1902

relatif à l'impossibilité de faire opposition sur une pension de retraite, suivant les formes tracées par la loi du 12 janvier 1895.

La Cour,

Considérant que les enfants du sieur L. N....., et parmi eux, J.-M. H....., son gendre, ont été condamnés à lui servir une pension alimentaire, fixée par arrêt de la Cour à 10 francs par mois; que H... est retraité de la Marine; que, pour assurer le payement de la part lui revenant, L. N... a, au cours du mois de novembre 1899, formé opposition sur la pension de retraite d'H., entre les mains du Trésorier-Payeur général du Morbihan;

Considérant que toute saisie doit, pour être suivie d'effet, être validée par décision de justice; que les règles à suivre, les formalités à remplir, sont tracées par les articles 557 et suivants du Code de procédure civile;

Considérant que la loi du 12 janvier 1895 a apporté une dérogation à ces règles générales; qu'elle décide qu'il sera statué sur la validité de la saisie par le juge de paix; que, après l'expiration des délais d'appel, le greffier fournit un état de répartition, sur le vu duquel, le payement peut intervenir;

Mais, considérant que la loi de 1895, qui soumet la validité des saisies à la compétence du juge de paix, ne s'applique qu'à la saisie-arrêt sur les salaires et petits traitements des ouvriers et employés; que son application est essentiellement limitée aux cas qu'elle prévoit; que, dès lors, c'est à tort, que L. N. a cru pouvoir y recourir en ce qui concerne la saisie pratiquée sur son gendre; qu'il aurait dû suivre les règles énoncées au Code de procédure; qu'il s'ensuit, que les actes qu'il rapporte sont sans valeur juridique, puisqu'ils émanent d'une autorité qui n'était pas compétente; que toute la procédure qu'il a suivie se trouve donc entachée d'une nullité radicale;

Considérant que les règlements sur la comptabilité publique prescrivent à tous les comptables de deniers de ne faire remise des fonds saisis-arrêtés entre leurs mains, que sur la production de jugements attributifs réguliers;

Que c'est donc avec raison, et par suite de l'application des règlements, et avec le sentiment exact de ses obligations professionnelles, que le Trésorier-Payeur général du Morbihan s'est refusé au payement qui lui était demandé;

Que c'est à lui seul qu'il appartient d'apprécier si, à raison des circonstances et de la situation intéressante dans laquelle se trouve L. N., dont l'âge est fort avancé, il peut se contenter de la production des pièces qui valident la saisie, et ne permettent pas de mettre en doute le droit de L. N. d'y procéder; que, dans ces conditions, la demande de dommages et intérêts ne peut supporter un seul instant l'examen;

Par ces motifs, et adoptant, au surplus, ceux des premiers juges en ce qu'ils n'ont rien de contraire;

Dit bien jugé, mal appelé; ordonne que le jugement entrepris sortira son plein et entier effet.

TABLE DES MATIÈRES.

PREMIÈRE PARTIE.

DES OPPOSITIONS EN GÉNÉRAL.

CHAPITRE Ier.

CHAPITRE II.

RADIATION DES OPPOSITIONS.

CHAPITRE III.

CHAPITRE IV.

CHAPITRE V.

DEUXIÈME PARTIE.

PRIVILÈGES SPÉCIAUX ET EXCEPTIONS AU PRINCIPE DE SAISISSABILITÉ.

CHAPITRE VI.

CHAPITRE VII.

CHAPITRE VIII.

CHAPITRE IX.

CHAPITRE X.

TROISIÈME PARTIE.

RÈGLES SPÉCIALES CONCERNANT LA SAISIE-ARRÊT DES SALAIRES ET PETITS TRAITEMENTS.

CHAPITRE Ier.

CHAPITRE II.

CHAPITRE III.

CHAPITRE IV.

CHAPITRE V.

ANNEXES.

—

MODÈLES.

LÉGISLATION.

JURISPRUDENCE.

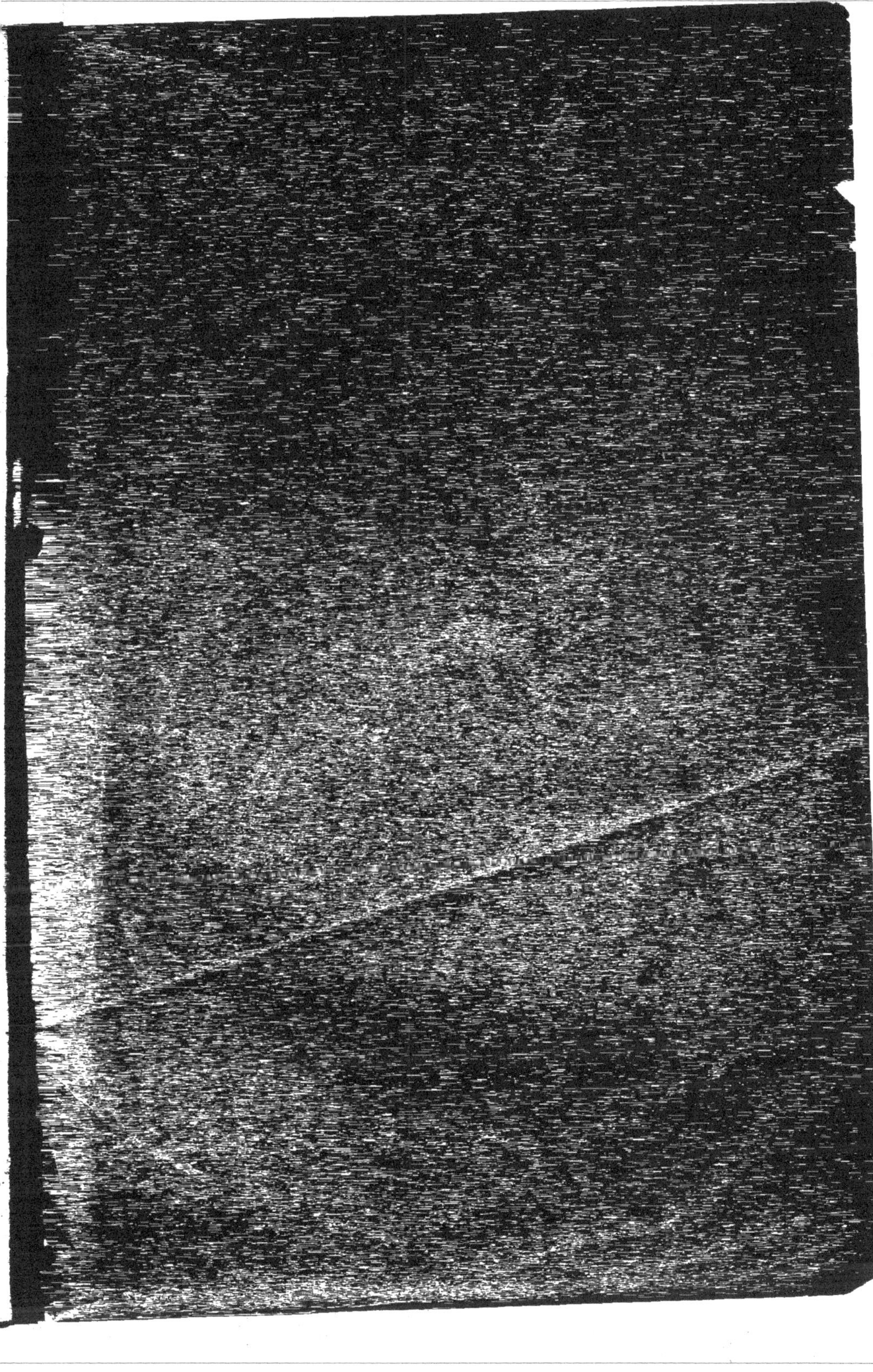

9 782019 944872